LADISLAUS BOROS

WEIHNACHTSMEDITATIONEN

LADISLAUS BOROS

WEIHNACHTS MEDITATIONEN

WALTER-VERLAG
OLTEN UND FREIBURG I. BR.

3. AUFLAGE 1973

MIT KIRCHLICHER DRUCKERLAUBNIS
GESAMTHERSTELLUNG IN DEN WERKSTÄTTEN
DES WALTER-VERLAGS
PRINTED IN SWITZERLAND

ISBN 3-530-09505-2

INHALT

EINLEITUNG

Mit Christus ist das Ja zu unserem Leben verwirklicht worden. Von Anfang bis zum Ende hat der Gottmensch Trost, Ruhe und Frieden gespendet. Sein Leben und sein Schicksal bedenken heißt, zu einem Christen werden. Oft steigt aber in uns das beunruhigende Gefühl auf: Vielleicht kennen wir Christus nicht mehr, sind ihm gegenüber blind geworden. Gottes Zuneigung erschien unter uns als Mensch. Sein Wort war: «Kommt zu mir alle! Ihr werdet Ruhe finden bei mir!» [Mt 11,28]. Die Begegnung mit einem solchen Gott ist immer eine Erschütterung. Er «verdirbt die Weisheit der Weisen, und den Verstand der Verständigen macht er zunichte» [1 Kor 1,19]. Dieser menschliche Gott darf von uns verlangen, daß wir zueinander menschlich seien, damit er einmal zu uns sagen kann: «Kommt, ihr Gesegneten» [Mt 25,34]. Unser christliches Schicksal besteht darin, sein Leben zu bedenken. Seine Mutter, Maria, hat ihr schlichtes, sorgenvolles und dennoch fröhliches Leben dadurch vollendet, daß sie «all diese Geschehnisse behielt und sie im Herzen erwog» [Lk 2,51].

Die folgenden Betrachtungen entstanden in einem Zeitraum von zehn Jahren. Sie stellen eine Bemühung dar, Christi Menschlichkeit innerlich zu begreifen. Fast alle sind als «Weihnachtsbetrachtungen» in der Zeitschrift *Orientierung* erschienen. [Am Ende dieses Bandes findet man die Nachweise.] Ich habe versucht, dieses Buch so zu verfassen, wie Christus zu uns sprach: Wenn er redete, waren es einfache Dinge. Die bunte Fülle der Wirklichkeit, der Reichtum der Natur begannen auf Gott hin durchsichtig zu werden. Das Unsichtbare tat sich kund im Gleichnis.

UND ER HAT
UNTER UNS GEWOHNT

KEIN christliches Fest ist so tief in die Erlebniswelt der Menschen eingedrungen wie die Weihnacht. Wir erfahren an diesem Fest: Gott hat die Welt bejaht. Er ist nicht in eine fremde Welt herabgestiegen, sondern kam «in sein Eigentum» [Jo 1,11]. Dies bedeutet: Wir selbst, unsere Welt, unsere Erlebnisse, all das, was sich mit uns ereignet, ist nicht unser Eigentum. In all dem waltet Gott, ein Dynamismus, der ins Unbegreifbare weist. Wozu verpflichtet uns die Gesinnung der Weihnacht?

Sie ist einerseits eine *Botschaft der Freude*, andererseits enthält sie eine *Forderung zur Nachfolge*. Beides müssen wir sehen, wenn wir das Geheimnis der Weihnacht christlich bedenken wollen.

Botschaft der Freude

Die Freude zunächst: Ein Engel – das heißt: Gott selbst in seiner «vermittelnden» Gestalt – sprach zu uns: «Ich verkünde euch eine grosse Freude» [Lk 2,10]. Es gibt so wenig Freude in der Welt. Ein Engel «mußte» kommen, um uns zu beschwören, in der Freude zu leben. Gott ist «die» Freude. Und er ist Mensch geworden. Er hat unter uns gewohnt. Seitdem hat der Christ den Auftrag, Freude in die Welt auszustrahlen.

Denn: Gewöhnlich ist unser Leben glanzlos. Bei

traurigen Anlässen gibt man sich traurig, bei den fröhlichen fröhlich. Das Leben «verengt sich» in uns und wird farblos, langweilig. Der Mensch schleppt sich voran. Eine zermürbende Gleichgültigkeit befällt ihn. Sie entsteht aus kleinen Ursachen: Zuviel Arbeit, Einsamkeit, Krankheit, Trennung von einem geliebten Menschen. Dazu kommt manchmal: Scheinbare Unvereinbarkeit des Glaubens mit der erfahrenen Wirklichkeit.

Dennoch spricht in dieses Leben der Engel der Weihnacht Gottes Wort hinein: «Ich verkünde euch große Freude»! Dies bedeutet wesentlich: Du darfst nicht ein abgestumpfter Mensch werden; unglücklich sein kann ein jeder. Freude hingegen verlangt Anstrengung. Lege die Sorgen ab, wenigstens heute, am Tage der Weihnacht, am Tage der Freude! Fragen wir uns aufrichtig: Wie wäre es, wenn der Engel der Weihnacht heute vor uns stünde, wie damals vor den Hirten, und sagte: «Habt Freude.» Was würden wir ihm antworten? Seit der Botschaft der Weihnachtsnacht ist die *Freude für uns Christen eine Pflicht* und die Traurigkeit etwas, das wir bekämpfen sollen. Wie kann man aber in der Freude leben? Vor allem aber: Wie kann man in der Freude ausharren? Die theologische Antwort besteht wohl darin:

Gott hat sich, in Christus, entäußert. Er ist für uns Mensch geworden. In dieser Tat hat er uns den Weg zur Freude gezeigt: Erst in der Hingabe gelangt man zu jenem guten Mut, der Glück und Freude heißt. *Freude entsteht in der Selbstlosigkeit.* Diese kann der Mensch deshalb nur konkret, das heißt, der Schwester und dem Bruder gegenüber verwirklichen. Der Nächste aber entsteht in dem Maße, als ihm «gedient» wird. Freude spendend erfährt man Freude. Der einfache Dienst am Nächsten im Alltag ist somit Bedingung echten Glücks. Die «Logik der Weihnacht» ist unausweichlich: Freude erfährt man nur in der Hingabe. Dies bedeutet aber auch Entsagung. In der Loslösung von sich selbst hat sich Weihnacht ereignet, Menschwerdung Gottes. Gott hat alles für uns hingegeben. In der nicht durch das Ermessen des Augenblicks und dessen Laune manipulierten Hingabe bewährt sich christliche Existenz. «Daran haben wir die Liebe erkannt, daß er für uns sein Leben hingab» [1 Jo 3,16]. So müssen auch wir für den Nächsten unser Leben hingeben. Wäre ein Leben der Selbsthingabe nicht ein Beweis, daß Gott in der Welt gegenwärtig ist, daß er Macht hat über unser Menschenherz? Wenn wir manchmal meinen, nicht mehr beten zu können, dann sollten wir wenigstens ein klein wenig mehr Glück in die Welt bringen. Das wäre vielleicht unser christlichstes Gebet, ein Zeugnis von der Menschwerdung Gottes.

Somit gehört ein grundsätzlicher Optimismus, der *«Geschmack am Glück»*, zum Lebenselement des Christseins. Die Freude ist nicht eine «Begleiterscheinung» des Christentums. Sie bestimmt die ganze Wirklichkeit des Christen: als Hoffnung, als der Ton, auf den alles gestimmt ist, als die Morgenröte eines erwarteten Tages. Die Forderung einer christlich erlebten Weihnacht wäre demnach: Die Düsternisse aus unserer Seele zu schaffen. Sie taugen nichts. Sie gehen am Eigentlichen vorbei. Christsein besagt auch: eine freudige Gelöstheit in allen Situationen des Lebens, selbst in den schwierigsten, zeugnishaft zu verwirklichen.

Diese weihnachtliche Freude ist eine *weltumwandelnde Kraft*. Sie möchte dem Nächsten ein wenig mehr Kraft geben. Seit der Menschwerdung Gottes wissen wir: «Was ihr meinem geringsten Bruder getan habt, habt ihr mir getan» [vgl. Mt 25,31–40]. Überall dort, wo der Nächste in seiner Not erkannt und aufgenommen wird, ereignet sich schon Christentum. Der Nächstenliebe gegenüber bleibt jede andere Tat, sei sie noch so nützlich und erhaben, sekundär, zweitrangig. In der Nächstenliebe vollzieht sich, nach der Gerichtsrede Christi im Matthäusevangelium, bereits Gottesliebe. Dies ist das grundlegende und unüberholbare Ereignis der Weihnacht.

Das Leben dieses Kindes, das für uns geboren

wurde, um uns aus der Gebrochenheit zum echten Menschsein zu führen, war eine einzige Treue im Dienen. Bis zum Ende – es war ein Ende am Kreuz – hat der Gottmensch nur Frieden gespendet. Das Wort des Engels – die Aufforderung zur Freude – ist somit Verpflichtung. Ein Mensch, der in Sibirien viele Jahre im Konzentrationslager verbracht hatte, schrieb einen Satz, der unsere «weihnachtliche Haltung» zusammenfaßt: «Ich suchte meinen Gott, und er entzog sich mir. Ich suchte meine Seele, und ich fand sie nicht. Ich suchte meinen Bruder, und ich fand alle drei.» Der Engel der Weihnacht hat Freude verkündet. Sie zu spenden, ein ganzes Jahr hindurch: das wäre Weihnacht.

Forderung zur Nachfolge

Die Verpflichtung der Weihnacht beinhaltet aber noch mehr. Sie ist eine *Forderung zur Nachfolge.* Wir sollen die Gesinnung der Menschwerdung in unserem oft so dunklen Leben verwirklichen. In einer weihnachtlichen Meditation möchte man keine abstrakte Theorie des Christseins entwerfen, sondern ein wirklichkeitsnahes Bild von jenem Gott zeichnen, der «unter uns gewohnt» hat. Wie war Christus in der Wirklichkeit? Wie haben die Menschen den menschgewordenen Gott erlebt?

Was war jene Macht in ihm, die die Apostel in ihren Bann zog und sie zur Nachfolge verpflichtete? Versuchen wir, jene Menschengestalt zu schildern, in der Gottes Güte unter uns wohnte. Was uns, selbst beim flüchtigen Lesen des Evangeliums, an Christus am meisten beeindruckt, ist: *Er war ein ruhiger Mensch.*

Er hatte eine «Mitte», die den Zufälligkeiten der Welt enthoben war. Er sammelte sich auf das Zentrum seiner Existenz hin. Zugleich hatte er aber einen besonderen Abstand zur Welt. Er klammerte sich nicht an die Dinge dieser Welt. Er ließ sich nicht von ihnen «fixieren». In seiner ganzen Existenz lebte eine heilige Gleichmütigkeit auf. Er überwand in seinem Dasein die Macht der Gewohnheiten, der Alltäglichkeit, der müden Abstumpfung. Er vergrub sich nicht in sein «gewordenes Leben», war nichts Zeitgeprägtem unlösbar untertänig, klammerte sich nicht an sich selbst. Er war vorbehaltlos empfänglich für das Neue, suchte nicht die Bestätigung seiner eigenen Wirklichkeit, schuf in seinem Innern für alles, was auf ihn zukam, einen Raum, lebte «von sich selbst weg». Sorglosigkeit beherrschte sein Leben, etwas, das in den Worten Ausdruck fand: «Seid nicht ängstlich besorgt» – «Habt keine Angst» – «Sprecht offen» – «Ich bin gekommen, Frieden zu bringen» – «Sammelt euch keine Schätze auf Erden» – «Euer

Leben ist mehr als Essen und euer Leib mehr als die Kleidung» – «Wer von euch kann mit all seinen Sorgen seiner Lebenszeit eine Spanne zusetzen?» – «Seid nicht in der Unruhe» – «Suchet zuerst das Reich, und das andere wird euch dazugegeben werden» – «Gib deine Habe hin, um damit wohlzutun.» Der Mensch, der diese Worte aussprach, war aber nie «gespannt» oder fanatisch. Er war zwar völlig in Anspruch genommen, wurde aber nie ungeduldig. Er blieb gesammelt, war nicht «geschäftig», ließ sich führen von seinem Schicksal, das er den Willen seines Vaters nannte von Mal zu Mal. In die Hände dieses Gewaltigen und Überwältigenden «befiehlt er seinen Geist», das heißt, die Mitte seines Wesens. Die Existenz dieses Menschen war ganz still und «horchend». Für sich selbst hatte er zwar «keine Zeit», denn sein Leben gehörte dem Schicksal, den Nöten und Freuden der andern. Dabei schwieg sein Inneres, drängte sich nicht vor, war von sich losgelöst.

Eine zweite Grundeigenschaft des menschgewordenen Gottes: *Er war mit den Dingen der Erde verbunden.* Ein Mensch, der spürte, wie die Dinge der Erde sind. Er nahm die hellen Schönheiten und Kostbarkeiten der Welt, aber auch die Ereignisse der grauen Alltäglichkeit in seine Seele auf. In seiner Sprache hatten die «Vögel des Himmels», das «rauschende Wasser», die «Blumen des Feldes», die reifende «Traube», das «verirrte Schaf», die Frau, die den «Teig knetet», der «Dieb in der Nacht» ihren wohlgeordneten Platz. Er konnte von Königen und Sklaven, von Kindern und Bettlern, von Soldaten, Dirnen, Pächtern, Priestern, Hirten und Handelsleuten sprechen. Die bunte Fülle der Welt, der Reichtum des Lebens und der Natur, die einfache, von allen erlebbare Wirklichkeit kamen bei ihm zu Wort. Das Unsichtbare wurde sichtbar, das Unhörbare hörbar – als Gleichnis. Sein Sprechen strebte danach, die Welt zu ihrer ursprünglichen Einfalt zurückzubringen. Seine Rede stellte das Absolute hinein in die Welt der Dinge, ja des Alltäglichen. Deshalb war sein Reden vom Gleichnis durchflossen wie vom Blut. Etwas Abgeklärtes bemerken wir bei Christus: das erdhafte und zugleich auf das Absolute hin aufgebrochene Sprechen. Ein Reden in Selbstverständlichkeit, Einfachheit und vielleicht sogar Kargheit; eine Ungezwungenheit des Wissens, des Erfahrens, des Sagens und des Berührens. Seine Rede offenbarte seine Sicherheit und eine tiefe Verwandtschaft mit der Welt der Dinge. In ihm sprach der «Zimmermannssohn».

Als dritter Zug der «Menschlichkeit Gottes» wäre vielleicht zu nennen: Wir finden Christus nicht in der Gesellschaft von Gelehrten, sondern im *Kreis der Einfältigen.* Der gänzlich menschliche, weil

gottmenschliche Mensch hatte die Einfältigen als Brüder. Er «bewies» ihnen nichts. Ja er wollte ihnen im Grunde «nichts Neues» sagen, sondern immer nur das Erschütternd-Gekannte, damit sie merken, daß sie das Eigentliche immer schon in ihrem Herzen getragen haben. Sein «Beweis» war: «Ich aber sage euch.» Das «Immer-schon-Erkannte» wurde durch ihn «anerkannt» – zwei wesensverschiedene Vorgänge: erkennen und anerkennen. Es gibt Worte, die keines Beweises bedürfen, weil sie «so» ausgesprochen werden, mit solcher Ursprünglichkeit, daß sie die Einsichtigkeit bereits in sich tragen. In Christus erwuchs das Wort zur Erfüllung. Sein Sprechen wirkte geheimnisvoll, eben weil es einfach war. In seinem Munde lebten vollkommene Worte. Worte, wie die der Seligpreisungen, die jedermann, der ein einfaches Herz hat, verstehen kann und die dennoch für alle Weisen der Welt unverständlich bleiben. Deshalb wurden sie nur von wenigen verstanden. Und viele dieser wenigen waren gar nicht von denen, die die Erfüllung erahnten oder begehrten. Deshalb war Christus einsam.
Dies ist vielleicht das Erschütterndste an ihm: *Er war ein Verborgener.* Er strebte danach, namenlos zu sein. In seinem Leben brach die «Einsamkeit der Fülle» auf, jene Einsamkeit, die den Abgründen, den Gipfeln, den Meeren eigen ist. Wir alle

leben im Flüchtigen, im Fragmentarischen. Wer aber – wie Christus – in der Einheit des Lebens existieren will, muß lange allein bleiben, um sich auf die Einheit hin sammeln zu können. Einsam in der Reifung, einsam bei der Versuchung in der Wüste, einsam bei den größten Taten seines Lebens. Christus wandelte unter uns wie ein Stern, der in ungeahnter Plötzlichkeit unser Firmament durchquert und den nur jene bemerken, die gerade zufällig hingeschaut haben. Sein Leben kam aus der Unbekanntheit, leuchtete plötzlich und gewaltig auf und ging in die Unbekanntheit zurück. Die Finsternis vermochte ihn «nicht zu begreifen». Um ihn herum sehen wir Menschen, die ihn nicht verstehen. Man führt gegen ihn Verbotslisten, Gesetze, Bräuche und Überlieferungen auf. Selbst seine Mutter fragte ihn: «Sohn, warum hast du uns das angetan?» Alle warfen ihm – vielleicht nur stillschweigend – auf irgendeine Weise vor: «Warum bist du so anders?»

Dennoch lebte Christus diese Fremdheit seiner irdischen Existenz *«leicht»*. Er wußte, daß sein Wesen unbegreiflich, der großen Menge unzugänglich war. Er machte sich nicht viel Sorge darum, denn: Die vollendete Sprache wird gewöhnlich nicht gehört, das vollendete Sein nicht wahrgenommen. Er versprach uns nicht, daß wir durch ihn etwas «finden» werden. Er lehrte uns vielmehr das «Suchen», den Namen, der nicht genannt werden kann. «Suchet» – das war ein zentrales Wort seines Redens. Sein Leben kann nicht von der Logik unserer Kleinheit, von den Prinzipien der Selbstsucht her verstanden werden. Eine heilige Lebendigkeit waltete in ihm, eine Jugend der Seele. Nichts existierte in ihm, was dürr, verhärtet und unempfänglich gewesen wäre. Er lehrte uns eine Jugend des Geistes, eine Wiedergeburt, eine Metamorphose, eine Frische des Lebens, eine Fröhlichkeit, eine heilige Umwandlungsfähigkeit. Er sagte uns: «Fürchtet euch nicht» – «Wenn jemand sich nicht aufgibt, kann er das Reich nicht empfangen.» Er war der «Anführer des Lebens», der «Anfang der neuen Schöpfung», der «Grund einer neuen Welt». Er forderte uns auf, ein «neuer Mensch» zu werden, uns «täglich zu erneuern», auf eine «neue Schöpfung», auf einen «neuen Himmel» und auf eine «neue Erde» zu harren, ein «neues Lied» zu singen, einen «neuen Namen», das heißt, ein von Grund auf verwandeltes Personsein, zu führen. Die Unbedingtheit des Neuanfangs lebte in ihm. Sein Wirken war eine Tat aus der gesammelten Einheit, aus dem Seinsgrund des Wesens. «Ich bin gekommen, damit ihr Freude, ja ein Übermaß an Freude empfanget.»

Dieser «zentrale Mensch», Christus, war *ein Freund aller.* Er war der Einigende, der Ganzmachende, der Aussöhnende. Er verlangte von uns, daß wir niemanden hassen, daß wir nicht Böses mit Bösem vergelten, daß wir unsere Feinde lieben. Allen wollte er Hoffnung schenken. Hoffnung auf Erneuerung, auf echtes Leben, auf Freiheit. Somit ist er der «wahre Herrscher»: einer, der alles in die Einheit einfügen kann, ohne irgend jemand Gewalt anzutun. Er bewirkte, daß die Dinge und die Menschen sich aus sich selbst freuen. Er nahm das Leid von uns allen auf sich, ließ sich verunstalten. Gerade darin war er *König*. Er stand in Gemeinschaft mit allen, übte Liebe und Barmherzigkeit. «Kommt zu mir», rief er, «die ihr da mühselig und beladen seid, und ihr werdet Ruhe finden.» «Fürst des Lebens» war er, das Licht der Welt, das «jedem Menschen leuchtet». «Zöllner und Sünder» fanden bei ihm willige Aufnahme. Er sagte innerlich zu allen: «Ich verurteile dich nicht.» Er verteidigte die Sünder vor den sogenannten Gerechten, nahm die Kinder vor den Erwachsenen in Schutz. Die Menschenseele fand bei ihm Heimat. Er hatte Mitleid mit den Menschen, so sehr, daß es ihm Tränen aus den Augen preßte. Die Menschen folgten ihm nach, weil sie merkten, daß ihre Verwahrlosung ihm nahe ging. Er nahm die Not von uns allen wahr: die Not einer armen Witwe, er gab ihr ihren einzigen Sohn zurück, die Not einer kranken Frau, die nur den Saum seines Kleides zu berühren wagte, die Not des Freundes, der ihn verleugnete und dem er mit einem einzigen Blick Reue und Verzeihung schenkte. Er trug eine grenzenlose Achtung für jegliche Kreatur in sich, eine zarte Aufmerksamkeit für jegliches Leben. Unbedingtes Leben zärtlich gelebt – das war die Existenzweise Christi.

Christus verwirklicht aber nicht nur Größe, sondern auch die gesamte Menschenexistenz, also auch das *Normale und Gewöhnliche*, das Ermüdende, das sich stets Wiederholende und Unauffällige. Er nahm die Kraftlosigkeit, die Unwissenheit, ja die Versuchung auf sich. Er ging in die Beengung alles Menschlichen ein – außer der Sünde –, war ein Freund der Bedrückten. Er hatte aber auch Freude an den kleinen Dingen unseres Alltags: an einem guten Mahl, an einem köstlichen Trunk, an einer schönen Wanderung, an einer ehrlichen Freundschaft. Er begegnete den Menschen immer in der Unscheinbarkeit, um sie nicht zu blenden. In seinem Leid war er nicht «großartig». Er schrie, schwitzte Blut, fühlte sich ausgehöhlt, verlassen. Darin war er Herrscher des Lebens. In ihm entstand das «Reich», etwas also, das nicht «gemacht», sondern nur «gestiftet» werden kann. Er brachte das Eigentliche ans Licht und er fügte alles zusammen. Weil er aber der Herrscher war, trug er auch das Leid der andern, nahm seines Volkes Pein auf sich. Er lieferte sich der Not des Menschseins aus. Christus richtete seine *innere Wahrheit* in einer «Welt» der Unwahrhaftigkeit auf, in einer «Welt» der resignierten Gleichgültigkeit, der existentiellen Verworrenheit, des Erfolges, der Macht, des Spiels, der Intrige. In einer solchen «Welt» – wie sie in der Bibel verstanden wird – mußte er sich gleichsam auslöschen, mußte auf die von ihm selbst von jeglicher Absicht und von jeglichem Machtanspruch unabhängige Wahrheit der Dinge horchen. In einer nüchternen Klarheit, mit dem Blick auf das Wesentliche, mit einer illusionslosen Sachlichkeit mußte der Gottmensch alles in seinem Geist gleichsam «wegschieben», was ihn daran hätte hindern können, die Heiligkeit und Reinheit des Seins zum Leuchten zu bringen. Solche Haltung forderte eine schlichte Demut, eine selbstvergessene Verhaltenheit, Eigenschaften also, die nur in mannigfachem Opfer und Verzicht erlangt werden können. Der Mensch muß dabei das Schwergewicht seines Seins nach außen verlagern. In einem ehrlich wahrheitssuchenden Menschen entsteht die heile Welt; die Welt in ihrer richtigen Gestalt: lichter Raum der Wirklichkeit. Die Unwahrhaftigkeit dagegen zerstört die Kraft des Seins. Die Welt wird zur Gauklerbude des eigenen Ichs, zum Schauplatz der Triebe, der Herrschsucht. Das Krumme wird gerade und das Gerade krumm. In einer «verlogenen»

Welt lohnt es sich dann nicht mehr, sich für etwas einzusetzen, ist nichts mehr mit der Fülle der Person zu bejahen. Man kann nichts mit der letzten Entschiedenheit verneinen. Somit werden Freiheit, Demut, Zusammensein, Liebe und menschlicher Zorn unmöglich. Das Wesen wird unwesentlich, die Wahrheit unwichtig, der Mensch ein «kultiviertes Nichts». Es ist unmöglich, daß der Erlöser, der in einer solchen «Welt» von der Wahrheit Zeugnis ablegen wollte, irgendeine Chance gehabt hätte, außer der Kreuzigung. Jeder Wahrheitssucher wird einmal gefragt – und zwar nicht in der Tonart der suchenden Unruhe, sondern in der Resignation: «Was ist Wahrheit?»

Im Zusammenbruch seines Lebens hat Christus *allen verziehen.* Er fand Worte, die allen Vergebung brachten. Sein Gebet war: «Verzeih ihnen, denn sie wissen nicht, was sie tun.» Er hat da nicht versucht, Antwort auf die Fragen der Politik, der Sozialstruktur der Gesellschaft, der Literatur und der Philosophie zu finden. Einem verlassenen und zerschundenen Menschen hat er noch eine letzte Hoffnung gegeben: «Heute noch wirst du mit mir im Paradiese sein.» Für ihn zählte nicht, ob dieser ein Leben lang «anständig» und «wohlgesittet» war. Den armen Verbrecher neben ihm haben die Menschen festgebunden. Es war kein Entkommen mehr möglich für ihn. Aber Christus, der Vollender, sprach innerlich zu ihm, wie später der Engel zu Petrus: «Steh auf und gehe.» Dieser Mensch konnte jedoch nicht aufstehen und nicht mehr gehen. Er gehorchte aber und ging dorthin, wohin seine angenagelten Füße ihn noch zu tragen vermochten, in den Bereich des Ganz-Anderen. Wer je von einem radikalen Umbruch der gesamten menschlichen Existenz geträumt hat, weiß von nun an, wie man eine solche vollbringt; durch Vergebung und dadurch, daß man selbst denen eine Hoffnung schenkt, die gar keine Hoffnung mehr zu haben scheinen.

Es wäre unerträglich, denken zu müssen, daß in der geballten Katastrophe des Lebens Christi ihm niemand beigestanden wäre. Es war ein Mensch zugegen, der diese restlose *Reinheit und Aufrichtigkeit* verstehen, innerlich in sich aufnehmen konnte. Eine einfache Frau. *Die Mutter.* In ihr, in seiner ursprünglichen Heimat, fand Christus eine letzte Zuflucht. Es «mußte» doch einen Menschen geben, der keinen Verrat in sich trug, keine Feigheit, keine Verleugnung des Lebens, keine Unehrlichkeit und auch keine Verstellung des Seins. Einen Menschen, der Christus innerlich ganz aufnehmen konnte. Mit diesem Menschen hat der «Vollender» noch einige Worte gewechselt, nur wenige. Sie brauchten einander ja nicht viel zu sagen. Diese Worte, wie unbeholfen sie auch sein mochten, werden in der Menschheit ewig weiterleben. Sie rufen uns auf, uns rein zu halten von jeder Machtgier, von jedem Mißbrauch der menschlichen Person, von jeder Lüge und jeder Unredlichkeit. Sie fordern uns auf, niemals einen Freund zu verraten, nie Menschen in ihrer Einsamkeit erstikken zu lassen, nie Verlassene abzuweisen, immer die Wahrheit zu suchen, nur auf die Gesinnung und nie auf das Ansehen zu schauen, uns dem *Reinen*, Edlen und Sauberen zu verpflichten. Diese Worte waren von großer Einfachheit: «Mensch, du hast eine Mutter.» So sprach Christus am Kreuz.

Diese in einem schweren Leben verwirklichte Haltung, die *Gesinnung der Menschwerdung*, hat Christus in seiner Auferstehung und Himmelfahrt in die Endgültigkeit gehoben. Dies war wohl eines der wesentlichen Momente der Auferstehungserfahrung der Jünger: Güte, Menschenfreundlichkeit, Verzeihung und Zuneigung sind der letzte Maßstab des Lebens geworden. Diese Gesinnung kann nicht mehr untergehen: Damit hat uns Gott – in Christus – einen neuen Anfang geschenkt.

So ist Weihnacht mehr als ein wenig «Stimmung». Sie ist Auftrag. Gott ist Mensch geworden. Er ist ein menschlicher Gott. Er hat unter uns gewohnt. Auch von uns verlangt er schlichte Menschlichkeit. Diese besteht in der Freude und in der Nachfolge.

Es ist schwer zu sagen, welches von den beiden schwieriger ist in unserer Zeit. Gott will, daß wir in der Freude leben und daß wir eingehen in den Nachvollzug des Lebens Christi. Dies ist die Botschaft, die Verheißung, aber auch die Forderung der Weihnacht.

FEST DER STILLE

Die Tage der Weihnacht wecken in vielen den Wunsch nach Stille und Besinnung. Sie bringen in der Seele eine tiefe Schicht ins Schwingen. Man ist gerne für einen Moment allein und denkt – oft nur undeutlich – an vieles, was nicht zum Alltag gehört. Bei den wenigsten Menschen sind es «tiefgreifende» Meditationen oder gar religiöse Überlegungen, welche diese Zeit – vielleicht sind es nur wenige Augenblicke – des Alleinseins erfüllen. In diesem Sinne feiern wir alle eine recht «profane» Weihnacht. Es ist eher eine «Stimmung» der Nachdenklichkeit, die uns überfällt mit ihrer seltsamen Macht. Oft sind es aber gerade die «profanen Gedanken», in denen uns ein Heiliges nahekommen will. Denn überall, wo menschliches Dasein sich öffnet, ist bereits das Geheimnis Gottes in Sicht. Vielleicht ist Gott in den selbstverständlichen, nahen und einfachen Dingen am ehesten zu finden; Gott, der uns näher ist als das eigene Herz. Worüber denkt nun der «einfache Mensch» in den Augenblicken seiner weihnachtlichen Stille besonders gerne nach?

Meistens steigen in solchen Momenten Erinnerungen aus der Seele empor. Jedes menschliche Dasein trägt in irgendeinem Bezug seiner Wirklichkeit etwas «Behütetes» in sich; etwas, das vor dem Andrang und Zugriff des Alltags beschützt werden muß. Es sind die Zeiten intensiv erlebten

Lebens, still erlittenen Leides, Momente des Glücks oder der Traurigkeit, Erfahrungen zärtlicher Liebe, zurückhaltender Freundschaft, schüchterner Sehnsucht, an die sich der Mensch in der Stimmung der Ergriffenheit erinnert. Ein Menschenantlitz oder die Gebärde eines verstorbenen Freundes, eine Farbe, das Bild einer entschwundenen Landschaft werden uns auf einmal ganz nah. Man verweilt gerne bei solchen Erinnerungen, träumt sich in sie hinein. Da ist der Mensch wirklich daheim. Teures und Liebenswertes wird uns wieder zur Gegenwart. Wir verstehen, daß unser Leben Einmaliges und Gnadenhaftes in sich trägt. Auch längstvergessene Einsichten werden in solchen Augenblicken «einleuchtend», Erkenntnisse, die so oft an der Härte der Tagesevidenzen zerbrechen, für uns jedoch wichtiger und teurer sind als alle oberflächlichen Zusammenhänge der Welt. Etwa: Daß es gut ist, selbstlos zu sein, mit den Trauernden zu trauern, zu hungern und zu dürsten nach Gerechtigkeit, lauteren Herzens zu sein, Barmherzigkeit zu üben, Frieden zu stiften in Sanftmut und Milde. All das läßt sich nicht in die Welt «hinausschreien»; man denkt aber gerne daran und kostet verstohlen ihr inneres Geheimnis aus. Alles andere, was unseren Alltag gewöhnlich erfüllt, kann aus unserem Leben weggedacht, von anderen ebenso gut erlebt und eingesehen werden,

nicht aber jenes Innere, Zarte und Zerbrechliche, das uns in solch stillen Momenten unwillkürlich gegenwärtig wird.
Woran wir auch in dieser Stimmung denken mögen, es erscheint für uns im Glanz des Wunderbaren, öffnet sein Wesen auf ein Geheimnisvolles, üblicherweise nicht Wahrgenommenes hin. Deshalb umgab der Mensch die Weihnacht immer schon mit dem Heiligenschein der Wundergeschichten. Diese sind «Verdeutlichungen» der weihnachtlichen Ahnung: Das menschliche Dasein ist trotz seiner Dunkelheit und Verwirrung tiefer, hintergründiger, als der Alltag es sich gedacht. Gerade das «Verlangen nach Wunderbarem» ist der menschlichen Sehnsucht liebstes Kind und in den Religionen das, was nicht als Aberglaube abgetan werden kann – sehr zum Leidwesen mancher Theologen und Philosophen. In ihm stemmt sich das menschliche Bewußtsein gegen das Umsonst und Nichts. Die Wahrheit, der ins Existentielle umgerechnete Inhalt der «Sehnsucht nach Wunderbarem» ist doch: Ein Durchbruch ist möglich aus der Welt des Gewohnten ins Ungewohnte und schlechthin Unüberbietbare. Der Mensch ist den heillosen Zusammenhängen dieser Welt nicht hoffnungslos ausgeliefert. Durch unsere schlimmen Erfahrungen ist es noch nicht «ausgemacht», was wir sind und was aus unserem Leben noch alles an

Neuem und Unerwartetem emporsteigen mag. Es gibt trotz aller Beengung und Beängstigung ein verborgenes Heil in unserer Welt, das unerwartet hervorbrechen kann. Etwas Helles, Reines, gar nichts Abergläubisches und auch nichts Schwärmerisches tut sich in dieser «weihnachtlichen Stimmung» kund: Trotz aller Evidenz im Bereich des Vordergründigen gibt es einen Weg vom Dunkel ins Licht, eine «illuminatio noctis» [Erhellung der Nacht].

Gern ist deshalb der einfache Mensch am Feste der Weihnacht mit Kindern zusammen und erahnt dabei das Geheimnis des Kleinseins. Oft wird er freilich ein wenig traurig. Was bedeutet jene stille Traurigkeit, die unsere Seele ergreift, wenn wir uns in unsere eigene Kindheit zurückdenken? Sie ist das Gefühl, daß wir etwas unwiderruflich verloren haben, jene Unmittelbarkeit des Erlebens, die das Kindsein als sein Wesensmerkmal auszeichnet. Unsere Seele konnte damals von Ereignissen, Dingen und Empfindungen gefesselt werden, so daß wir nicht mehr auf uns selbst zurückschauten, sondern unseren Blick ganz in der Gestalt verloren. Als Ganzes waren wir noch einem Ganzen ganz nahe, ungeteilt und ohne Verdoppelung. Wir haben nichts berechnet, nichts gerechtfertigt, nichts «begründet». Wir waren einfach «da», dem überwältigenden Erlebnis mit weitgeöffneten Augen ganz hingegeben. Bei solchen Erinnerungen erahnen wir die wahre Tiefe jenes oft oberflächlich-sentimentalen Vergleichs, der von den Kindern sagt, sie seien «Engel». Gewiß nicht, weil die Engel niedliche, hübsche und rührende Wesen wären. Ganz im Gegenteil! In einem sind die beiden dennoch ähnlich, Engel und Kind: In jener Seinsintensität, die Rilke mit dem dichterischen Wort anzudeuten sucht, die Engel seien «Tumulte stürmisch entzückten Gefühls». Sie erleben nicht nur «Entzückung» in der Hingerissenheit, in der flammenden Übereignung ihres Wesens, sondern «sind» Entzückung, Ergriffenheit, Hingabe und Selbstvergessenheit. Gerade darin sind die Kinder oft – besonders wenn sie spielen – den Engeln ähnlich, und gerade danach sehnt sich der erwachsene Mensch, dessen Leben und dessen Blick von so viel Sorge und Not, von so viel Selbstsucht und Selbstbehauptung, von so viel Leistung und Aufgabe verschleiert sind.

Mit besonderer Liebe und Achtung umgibt der einfache Mensch in der weihnachtlichen Zeit die Frau als Mutter. Vor allem ehrt er in ihr jenes Hohe der Liebe, dem der Name Zärtlichkeit zukommt. Zärtlichkeit ist ja nichts Minderwertiges oder Schwächliches, sondern jene Fähigkeit der Zuneigung, welche die liebenswerten Dinge der Welt zu behüten, mit Vornehmheit und Zurückhaltung zu «behandeln» weiß. Die Frau ist unmittelbarer eingesenkt in das Geheimnis des Lebens als der Mann, begreift die verworrenen Zusammenhänge des Lebens leichter, und zwar nicht so sehr durch Theorien und Begriffsentwürfe, sondern ganzheitlich und intuitiv, vom Leben her. Warum ist aber die Zärtlichkeit so wichtig und unerläßlich für das Leben? Eine der bedeutendsten Einsichten der Wertphilosophie besteht in der Erkenntnis, daß sich der höherstehende Wert im Zusammenhang der niedrigeren Werte als schwach, dem Kampf nicht gewachsen und bedroht erweist. Wie schwach war doch das Leben damals, als es zum erstenmal im Prozeß der Entwicklung erschien: aus Zufälligkeiten entstanden, von Zufällen bedroht, ausgesetzt. Wie hilflos war der menschliche Geist, als er sich aus dem Bereich des Organischen zur Bewußtheit durchrang: suchend, zweifelnd, überwältigt und den Menschen von seinem warmen Lebensgrund entfernend. Wie hinfällig sind die höheren Einsichten dieses Geistes in der Welt des alltäglichen Umgangs [etwa, daß die Milde stärker sein kann als alle Gewalt]: scheinbar erfolglos, «unreif» und «rückständig». Wie verloren ist der stille Mensch im Kreis flinker Sprecher. Wie gebrechlich ist das Schöne in der Welt des Nützlichen. Wie zart ist die Hoffnung, wie unsicher ist sie und schwankend im Bereich anderer, «handgreiflicherer» Tugenden. Wie wenig kann sich der Mensch mit der «Ethik» Christi, im Sinn der Bergpredigt, in der Welt der harten Wirklichkeit «einrichten». Wie leicht zerbricht der «träumende Mensch» an den Tatsachen des Alltags. Wie «einfältig» kann ein Mensch erscheinen, der den inneren Forderungen der Liebe nachlebt, der also langmütig, freundlich und selbstlos zu sein versucht, der nicht eifert, nicht prahlt und sich nicht aufbläht, der nicht den eigenen Vorteil sucht, sich nicht erbittern läßt, das Böse nicht nachrechnet, sich über die Wahrheit freut und nicht über das Unrecht. Wie fremd erscheint uns ein Mensch, der sein Leben vom Wesen alles Wesentlichen, vom Himmel her zu bewältigen sucht. Und schließlich: wie machtlos und «nichtvorhanden» ist Gott in der Schöpfung. Wir haben hier die aufsteigende Linie des Seins vom Erwachen des Lebens bis zur Vollendung gezogen und überall die gleiche Grundgesetzlichkeit bemerkt: Die Ausfaltung des Seins, der Aufstieg des Lebens, der Durchbruch in die Eigentlichkeit sind zugleich ein Prozeß des Zärtlicherwerdens des Zarten, des Bedrohtwerdens des Bedrohten, des Ausgesetztwerdens des bereits Ausgesetzten. Das Kreuz ist in diesem Sinne die kosmische Grundgesetzlichkeit allen Lebens; eine Gesetzlichkeit, die schließlich in Christus ihre höchste Verwirklichung fand. Von dieser Grundgesetzlichkeit des Lebens ergriffen zu sein, sie immer wieder an der eigenen Existenz, an Leib und Seele zu erspüren, hineingeschickt zu werden in die Behütung der Welt, das ist die große Berufung der Frau. Sie ist ein Wesen, das – obwohl oft selber verwundet – unter dem Kreuz des Lebens ausharren kann, unbeirrbar und still wartend auf eine Auferstehung.

Auch an alte Menschen erinnert man sich willig in der «weihnachtlichen Stimmung». Man bereitet ihnen gern eine Freude, beschenkt sie und gibt ihnen Vorrang. Man ist ergriffen von ihrem Leben und möchte gut zu ihnen sein. Was den alten Menschen noch im Leben zurückhält, sind ganz dünne Fäden und karge Kräfte. Er ist ganz zurückgeführt auf das Letzte, aus dem ein Mensch überhaupt noch leben kann. Er selber denkt gewiß oft nach: Wie seltsam sind die Jahre dahingeflossen! Habe ich das Leben geträumt, oder war es wirklich wahr? Vieles, was ich einst wertvoll wähnte, hat für mich jetzt kein Gewicht mehr. Es war wie ein einziges Wegrinnen des eigenen Seins: Entschlüsse, die man nie verwirklichte, Schönheiten, die man nie auskosten konnte, Kampf und Weltbewältigung, in die man sich hineinschickte, um vielleicht dem Schein nach das zu werden, was man niemals war. Und jetzt ist man eingeschlossen in das gewordene Sein! Ich kann nie mehr ein anderer werden, nur dieser, der ich aus den zahlreichen Verheißungen meines Lebens so wurde, wie ich jetzt bin. Was mir wirklich bleibt, ist wenig: einige Augenblicke ausgehaltener Einsamkeit, Momente ehrlicher Selbstlosigkeit, Zeiten des Ausharrens bei einem lieben Wesen, einige gute Taten, die man gleichsam dem eigenen Herzen abgerungen hat, das Durchgehaltene des Lebens, die Treue, das Trotzdem des Hoffens inmitten all des Versagens, die gütige Hand, der helfende Blick, die erste Liebe – nicht viel mehr. Gerade das erweist sich jetzt als wertvoll, was sich in meinem Leben sozusagen «nebenbei» ereignet hat. So mag der alte Mensch, belehrt durch die Entbehrung, still zu sich reden. Dabei erwacht eine zärtliche Liebe in seinem Herzen zu allem, was umsonst getan wird, zum Verschwendeten, für das Überflüssige, ja sogar für das Törichte der Welt. Er fühlt sich solidarisch mit dem Erfolglosen, Unvollkommenen und Mißratenen. Er ist ihnen Bruder im gleichen Schicksal. So behütet der alte Mensch eines der kostbarsten und kargsten Geheimnisse der Welt, die nachsichtige Geduld. – In den Augenblicken weihnachtlicher Ergriffenheit mag der einfache Mensch des tragisch-schönen Schicksals der Alten inne werden und sehr, sehr gut zu ihnen sein, um viel Gereiztheit und Ungeduld wieder gutzumachen.

Im weihnachtlichen Nachdenken findet sich der

Mensch auch jenen zugeneigt, welche die Hilflosigkeit des Lebens besonders erfahren müssen, den Einsamen, denen er Gegenwart schenken möchte; den Erfolglosen, für die er so gerne selber zur neuen Hoffnung würde. Man denkt an Flüchtlinge, Gefangene, Kranke, Verstorbene, an das «frierende» Leben und erkennt dabei seinen eigenen existentiellen Zustand. Man erinnert sich auch an jene, die betrübt sind oder in der Dunkelheit des Zweifels leben, an jene, die nicht mehr glauben, sich aus der Gefangenschaft der eigenen Einsamkeit nicht mehr befreien können. Auch jene werden uns gegenwärtig, denen wir – ohne es zu wollen vielleicht – Leid zugefügt haben, die uns feindlich gesinnt sind oder die uns einfach nicht mögen. In diesem Augenblick möchte man allen etwas Gutes tun, alles verzeihen und alle um Verzeihung bitten. Man möchte ein Mensch sein, der allen Heimat zu bieten vermag.

Wie «gottverwandt» ist diese weihnachtliche Sehnsucht! Ganz nahe ist sie dem Herzen jenes erlösenden Gottes, der uns in unserer Verstoßenheit umarmt, der den Bettler aufnimmt, der den Untergehenden zu sich zieht, der ein Gott ist für alle Gescheiterten, Verfemten, Strauchelnden und Verführten. Jenem Gott, der in uns selbst das Verhängnis segnet, der hinabgestiegen ist in die Schluchten unserer Seele, der dem nächtlichen

Schatten des Todes entging um unseretwillen, der uns aufsucht in der Einsamkeit unseres Hinausgesprengtseins, der den Letzten, den Hoffnungslosesten am zärtlichsten liebt, der ein Gott der unverbitterten und deshalb auch bittenden Liebe ist.

So mag der einfache Mensch in den wenigen Augenblicken weihnachtlicher Stille an vieles denken, was ihn sonst nur oberflächlich berührt. Es sind nicht «hohe» Überlegungen oder «tiefe» Gedanken. Bedeutend ist aber an ihnen, daß sie sich in einer seelischen Atmosphäre der Zuneigung vollziehen. Man will mit diesen Gedanken nichts «anfangen», sondern verweilt einfach bei ihnen und schaut das Leben ruhig und gütig an, ohne Vorspiegelung. Würde man einem solchen Menschen andeuten, er hätte in diesen Momenten genau so gedacht, wie Gott über uns denkt, dann würde er uns wahrscheinlich erstaunt oder erschrocken anschauen. Er hätte nie zu glauben gewagt, Gottes Gedanken seien so leicht, selbstverständlich und einfach; daß Gott dem Menschlichen so nahe sein kann. Er hat ja in diesen Augenblicken gar nicht nach Gott gefragt und nicht nach ihm gesucht, sondern nur seinem eigenen Herzen «nachgegeben». Dennoch ereignete sich für ihn in der «weihnachtlichen» Stimmung ein Gott, der uns überall, selbst in unserem «Ihn-nicht-Suchen», seine Nähe schenkt: «Ich bin immer schon zu erkunden gewesen für die, welche nicht nach mir fragten, und zu finden gewesen für die, welche mich nicht suchten. ‹Hier bin ich! Hier bin ich!› – so habe ich immer schon gerufen» [Is 65,1–2]. Der Römerbrief formuliert in seiner erstaunlichen Auslegung des Deuteronomiumtextes [Dt 30, 11–14] den gleichen Gedanken: «Sprich nicht in deinem Herzen: Wer will zum Himmel hinaufsteigen, um Christus [von dort] herabzuholen? Oder: Wer wird in den Abgrund hinabsteigen, um Christus ... [von dort] heraufzuholen ...? Sondern: Nahe bei dir ist das Wort, in deinem Munde und in deinem Herzen» [Röm 10,6–7]. Christus ist kein Fremder für uns. Er ist die Verdichtung und die Überhöhung alles Echten, Wahren, Hingebenden und Helfenden unserer Existenz. Der stille Mensch der Weihnacht erahnt ihn, seinen ewigen Bruder, als Sinnmittelpunkt seines menschlichen Bewegtseins [«in seinem Herzen»] selbst wenn er nicht ausdrücklich an ihn denkt, oder meint, ferne von ihm zu sein.

ÜBER DIE LIEBE

Wir möchten in dieser weihnachtlichen Betrachtung über die grundlegendste christliche Haltung nachsinnen: über die Liebe. Das Wort ist in unserer Zeit – vielleicht war es zu allen Zeiten so – erschreckend «zweideutig» geworden. Man kann zwar über die Liebe große Worte machen. Was sie aber in ihrem eigentlichen Wesen ist, wird nur jener begreifen, der die Liebe schon erfahren hat. Wie sieht echte, wurzelhaft gewordene [radikale] Existenz aus? Das Christentum sagt: Ein solcher Mensch ist ein Liebender.

Vielleicht gelingt es uns, wenigstens einen kleinen Teil jener Sehnsucht nach Liebe in Worte zu fassen, die in uns allen lebendig ist. Wir möchten ein echtes, wirklichkeitsnahes Bild jener Wirklichkeit entwerfen, die Liebe heißt; die wie ein *«Schicksal»* über uns kommt, die wir wie eine unverständliche und doch inwendig-selbstverständliche Macht in uns spüren. Sie steigt aus den Tiefen des Unbewußten empor. Sie ist wie eine innere Notwendigkeit, ja wie ein Zwang, der einen, wenn man ihn spürt, völlig in Gewalt nimmt. Wenn man liebt, kann man nicht anders als lieben. Die Liebe wirkt in uns wie eine seltsame Stoßkraft, fast wehtuend. Somit kann die Liebe auch zu einer verheerenden Katastrophe unserer Existenz werden. Dies heißt aber, daß der Mensch lernen muß, wie er lieben, wie er diese gesamtpersönliche Erregung, die aus seiner Seele geheimnisvoll aufsteigt, in seine Hand nehmen soll. Er darf nicht jede Liebesneigung ziellos und sinnlos wuchern lassen, sondern muß sie formen, bilden, muß ihr Erfüllung geben oder ihr diese Erfüllung verweigern. Somit ist echte und reife Liebe eine *«Tugend»*, das heißt eine mühsam eingeübte Haltung der Welt gegenüber. Wenn man sie nicht wirklich «erlernt», kann aus der Liebe maßloses Leid emporsteigen. Es ist rätselhaft: Wir «müssen» lieben und zugleich diese Liebe unter Schmerzen und Widrigkeiten «erlernen». Das bloße «Gefühl» der Liebe kann den Menschen zu einer geradezu dämonischen Wildheit entflammen.

So tun wir gut daran, wenn wir in dieser Betrachtung mit großen Worten und hohen Ausdrücken sparsam umgehen. Die zarten Dinge muß man zart behandeln. Wir sollen diese höchste Wirklichkeit unseres Lebens in ihrer heiligen Würde aufnehmen, ihr die Tür unseres Denkens und unseres inneren Mitschwingens ganz leise öffnen. Es gibt in der abendländischen Geistesgeschichte keinen anderen Text [außer vielleicht der «Betrachtung zur Erlangung der Liebe» des heiligen Ignatius], der wesentlicher über die Liebe als «eingeübte Haltung» sprechen würde als das *dreizehnte Kapitel des ersten Korintherbriefes von Paulus.* Wir werden uns darauf beschränken, diesen Text meditativ unserer Existenz nahekommen zu lassen. Er ist der vielleicht dichteste und bedeutendste Ausdruck der christlichen Wesenshaltung in der Welt. Es heißt bei Paulus:

«Wenn ich mit Zungen von Menschen, ja von Engeln rede und die Liebe nicht habe, so bin ich ein tönendes Erz und eine lärmende Schelle. Und wenn ich der prophetischen Rede mächtig bin und alle Geheimnisse weiß und habe ganze Erkenntnis und den ganzen Glauben, so daß ich Berge versetzen kann, habe aber die Liebe nicht, so bin ich ein Nichts. Und wenn ich meine ganze Habe für Armenspeisung verteile und wenn ich meinen Leib hingebe, damit ich verbrannt werde, habe aber die Liebe nicht, so nützt mir das gar nichts. Die Liebe ist langmütig und freundlich. Sie eifert nicht und prahlt nicht. Sie bläht sich nicht auf. Sie tut nichts Unschickliches und sucht nicht den eigenen Vorteil. Sie läßt sich nicht erbittern, rechnet das Böse nicht nach, freut sich nicht über das Unrecht. Sie freut sich über die Wahrheit. Sie erträgt alles. Sie glaubt alles. Sie hofft alles. Sie überdauert alles. Die Liebe hört niemals auf. Prophetenreden: sie werden aufgehoben werden. Sprachengaben der Entrückung: sie werden aufhören. Erkenntnis: sie wird nicht mehr gelten. Denn Stückwerk ist unser Erkennen und Stückwerk unser Reden aus Eingebung. Wenn aber das Vollkommene kommt, wird das Stückwerk ein Ende haben. Als ich ein Kind war, redete ich wie ein Kind, dachte ich wie ein Kind, urteilte ich wie ein Kind. Als ich aber Mann geworden, habe ich das Kindische abgelegt. Jetzt sehen wir im Spiegel, rätselhaft, dann aber von Angesicht zu Angesicht. Jetzt erkenne ich im Stückwerk, dann aber werde ich erkennen, wie ich erkannt werde. Nun aber: Glaube, Hoffnung, Liebe, diese drei bleiben. Das Größte von ihnen ist aber die Liebe» [1 Kor 13,1–13].

Dieser erstaunliche Text, den wir jetzt auf seine *anthropologisch-philosophische Aussage* hin befragen wollen, ist eine seltsame Aneinanderreihung und Vermischung von Aussagen, Abgrenzungen, Gegenüberstellungen und Deutungsversuchen. Beim näheren Hinschauen wird sich aber ergeben, daß man über die Liebe gar nicht anders sprechen kann. Das Eigentümliche dabei ist, daß Paulus sich nicht bemüht, die Liebe selbst zu definieren. Er grenzt sie von anderen Tugenden und Begabungen ab; Er zählt ihre Eigenschaften auf, umkreist sie. Darin ist bereits eine bedeutende Aussage enthalten: Über die Liebe läßt sich nicht sprechen; man muß sie erfahren haben; man muß durch sie erschüttert werden. Die Liebe ist ein *Urerlebnis unseres Lebens.* Das Ureigentliche ist aber immer unfaßbar; wir können und dürfen es nicht «bereden». Das Wesenhafte entzieht sich immerfort unserem denkerischen Bemühen und unserer Sprache. Es ist nur als *Erfahrung* «gegeben». Diese Erfahrung heißt zunächst:

Die Liebe ist alles

«Wenn ich mit Zungen von Menschen, ja von Engeln rede und die Liebe nicht habe, so bin ich ein tönendes Erz und eine lärmende Schelle.» Wir möchten hier nicht im einzelnen untersuchen, was Paulus damit der Gemeinde von Korinth genau sagen wollte, sondern eher das, was er selbst dabei erfahren hatte. Offenbar waren in Korinth «geistbegabte» Menschen, die bis zum Äußersten des Menschlich-Erlebbaren vorgestoßen sind und das Unaussprechliche, zwar stammelnd und stotternd, in die Sphäre des Sprechbaren heimholen konnten. Die historischen und psychologischen Einzelheiten dieser «Zungenrede» sind hier belanglos. Wichtig ist für uns die grundlegende Erfahrung: Magst du sprechen, so schön wie ein Mensch nur kann, magst du sogar reden wie ein Engel – hast du die Liebe nicht, so ist all das nur «Blech»; du hast das Eigentliche nicht geleistet und auch nicht erfahren; dein Reden hört sich gut an, es bewegt sogar die Herzen, es erschüttert. Was ist aber dahinter? Nichts! Eine Leere! Du sprichst Worte aus,

die das Eigentliche nicht erfassen. Deine Sprache, dein Vortrag ist bewegend, erregend, erhellend sogar, einfach großartig. Aber du selbst stehst nicht dahinter. Und so wird deine Sprache bedeutungslos, «dünn»; sie macht einen traurig. Du suchst nur dich selbst, du willst Eindruck machen. Wenn du noch nie geliebt hast, wie wagst du über das Eigentliche zu sprechen? Deine Worte werden verhallen. Ein Selbstgenuß und eine großartige Selbstdarstellung. Beweise zuerst, daß du dem andern Schutz bieten kannst, daß du ihn über die Interessen der eigenen Existenz stellst, daß du dem anderen alles ersparen willst, was einem unsere Welt an Sorgen, Qualen und Wunden zufügen kann. Nimm zuerst das andere Wesen in Schutz. Wenn es sein muß, auch gegen es selbst. Kämpfe für den andern, beschirme ihn, gib ihm Leben und inneres Wachstum. Liebe ist also nach Paulus zunächst ein dienendes Tun. Unser Reden ist aber immer hohl und nichtig. Wir müssen zuerst existentiell beweisen, daß unser Sprechen ehrlich ist. Es ist leicht, andere zu betören. Auch die gehaltvollsten Reden nützen nichts, wenn dahinter nicht die Liebe steht. Die Liebe teilt sich ganz still und schweigend mit. Durch einfaches Beistehen und durch Dabeibleiben in der Treue. Schöne Worte kann ein jeder machen. Das ist eine Frage der inneren Empfindsamkeit und der Stilistik. Die wahre

«Sprache» der Liebe tönt aber ganz anders. Was in ihr eigentlich klingt, ist Selbsthingabe und nicht Emotion, auch nicht intelligente Erklärung.

«Und wenn ich der prophetischen Rede mächtig bin und alle Geheimnisse weiß und habe ganze Erkenntnis und den ganzen Glauben, so daß ich Berge versetzen kann, habe aber die Liebe nicht, so bin ich ein Nichts.» Eine neue, noch eindrücklichere Abgrenzung. *«Prophet»* ist ein Mensch, der die Ereignisse unserer Welt von der Gnade Gottes her deuten kann. Ein Mensch *«weiß um Geheimnisse»*, wenn er staunend stehen bleiben kann vor dem Unerklärlichen und es mit der ganzen existentiellen Empfindungskraft seines Daseins umfaßt mit einer stets wachsenden und in die verborgene Wahrheit «hineinruhenden» Eindringung. Ein Mensch *«glaubt»*, wenn er sich – vielleicht innerlich noch zweifelnd – einer Wirklichkeit aussetzt, die sich nicht aus dem Stoff unserer Welt zusammenfügen läßt; der bis zum Grunde seiner Existenz vom andern, von einem Absoluten – den er nicht «erklären» kann – in Anspruch genommen wird; der durch diese innere Kraft des Angesprochenseins und der Inanspruchnahme gelegentlich sogar Dinge vollziehen kann, die andere und sogar das Weltgesetz «in Erstaunen bringen»; der «Berge versetzen» kann. In diesen drei Eigenschaften menschlicher Eigentlichkeit wird ein ergreifendes

Bild menschlicher Existenz entworfen. Prophetisches, wissendes und gläubiges Dasein. Anthropologisch: eine das ganze Wesen des Menschen umgreifende Dynamik vom Eigentlichsten her und zum Eigentlichsten hin. Und selbst hier sagt Paulus: Nein. All das gilt in der Wirklichkeit nicht. Nicht Prophetie, nicht Wissen und nicht Glaube [obwohl sie bedeutend, schön, unentbehrlich sind] sind der letzte Grund, sondern die Liebe. Was mag diese Liebe wohl sein, der bei Paulus eine solche Vorrangstellung in der Welt unseres Daseins zuerkannt wird? Je intensiver Paulus die Abgrenzung gegenüber anderen «Geistesgaben» vollzieht, um so deutlicher wird: Wir sind nichts, wenn wir nicht lieben.

«Und wenn ich meine ganze Habe für Armenspeisung verteile und wenn ich meinen Leib hingebe, damit ich verbrannt werde, habe aber die Liebe nicht, so nützt mir das gar nichts.» Karl Barth sagt: «Es gibt tatsächlich eine Liebe, die ohne Liebe, eine Hingabe, die keine Hingabe ist; einen Paroxysmus der Selbstliebe, der ganz und gar die Gestalt echter, bis zum Äußersten gehender Gottes- und Bruderliebe hat, in welchem es sich aber durchaus nicht um Gott und den Bruder handelt... Die Liebe allein zählt – keine Liebestaten als solche, auch die größten nicht. Sie können auch ohne Liebe getan werden und sind dann bedeutungslos,

mehr noch: Sie sind dann gegen Gott und gegen den Bruder getan.» Wenn vorher die Liebe als Tun definiert wurde, dann wird hier die *Selbstlosigkeit* als Wesenselement der Liebe hinzugefügt. Man kann auch in der sogenannten «Liebe» sich selbst suchen. Man kann aber seine Liebe im scheinbar uneigennützigen Tun auch verlieren. Eine seltsame Eigenschaft der Liebe wird hier deutlich: das «Nichtwissen-um-sich-selbst», das «Nicht-auf-sich-selbst-Zurückschauen», die Absichtslosigkeit. Mag man alles hingeben, auch das eigene Leben; geschieht dies aber nicht aus einem reinen «Umsonst», so ist es eben ein Nichts. Hier sind wir an der äußersten Gemarkung des menschlich Aussprechbaren angelangt. Vielleicht besteht Liebe lediglich in dem, was der Psalmvers ausspricht: «Zu einem Lasttier bin ich geworden vor deinem Angesicht.» Dieses «Nichtwissen-um-sich-selbst», diese Reinheit der Hingabe, dieses «Nichts-Wollen-vom-andern», dieses «Annehmen-des-fremden-Seins» wie es ist, bedeutet Liebe; ohne diese grundsätzliche Selbstlosigkeit sind wir ein Nichts, mögen wir noch so viele «Liebestaten» vollbringen. Wir lieben nicht, sondern suchen nur das eigene Selbst. Wer je geliebt hat, versteht dies: Selbst durch Güte kann man den andern ins Unrecht setzen; man kann durch Hingabe die andern geradezu «beleidigen». Solange die Liebe sich nicht vom eigenen Selbst loslöst, ist sie keine Liebe. Der Gedankengang dieses erstaunlichen Textes ist unerbittlich, aber auch wohltuend. Er enthüllt vor uns die echten Dimensionen des Menschseins. Seltsamerweise fährt nun Paulus in einer unerwarteten Richtung fort. Er beschreibt [einmal positiv, einmal negativ] die Eigenschaften dieser Wesenshaltung des Menschen, wovon er vorher angedeutet hatte, daß er über sie gar nicht sprechen könne.

Eigenschaften der Liebe

Die Beschreibung der Liebe ist bei Paulus recht bruchstückhaft. Man spürt: Dieser Mensch hat wesenhafte Liebe erfahren; gerade deshalb kann er über sie nicht sprechen. Der Gedankengang kommt nicht so sehr aus dem Gehirn; er kommt vielmehr aus dem Herzen. So hat er eine seltsame Logik, die nur das Herz verstehen kann. Die in sich schwingende Erfahrung entläßt Gedankenbrocken, intuitive Erkenntnisse, deren jede aber ins Wesentliche trifft.

«Die Liebe ist langmütig.» Mit einer unscheinbaren, aber lebentragenden Eigenschaft hebt diese Beschreibung an: mit der *Langmut*. Sie bedeutet im Grunde, daß ein Mensch bei einem andern lange ausharren kann: bis zum Tode; daß er diesen

andern erträgt, aber nicht in gleichgültiger Nachlässigkeit, sondern in schöpferischer *Treue.* Es ist der Mut, den andern zu «ertragen», seine eigene Existenz «mittragen» zu helfen; der Mut, in die Zeit hineinzuleben und dabei je neu, je anders dem geliebten Wesen echte Hingabe zu erweisen; der Mut, den Faden der Liebe nicht durchzuschneiden, sondern [durch eine gelebte «Gegenwart»] zu beweisen, der andere könne in allen Situationen des Lebens damit rechnen, daß wir «bei ihm bleiben». Ohne diesen Mut zur langen, in der Treue durchgehaltenen Hingabe kann das enge Zusammensein der Menschen zur Hölle werden. Die Selbsterziehung zur entsagungsbereiten Treue, das Nichtkapitulieren vor der Aufgabe des Ausharrens, die langsame Überwindung von Unstimmigkeiten, die Bändigung der Unstetigkeit des Triebes gehören somit zur Wesensbedingung echter Liebe und somit echten Menschseins. In dieser Sicht wäre Liebe: unbedingtes Da-sein für die andere Person für immer.

«Die Liebe ist freundlich; sie eifert nicht und prahlt nicht.» Dieses Stille, Demütige und in allen Situationen des Lebens für das andere Sein Offene der Langmut soll von einer *«Freundlichkeit»* getragen werden, die in der Heiligen Schrift als «Milde» erscheint [das Wort in seinen verschiedenen Bedeutungen genommen]: als ruhige Gelassenheit eines

Mitseins, das von so viel Hetze, Nervosität und Unruhe bedroht ist; als stille Hinnahme der Fehler der anderen, des Wankelmutes des geliebten Wesens, seines Versagens, seiner inneren Unruhe, seines leiblichen und seelischen Gebrochenseins; als abgeklärte Schonung des anderen Seins in Rücksicht, in Höflichkeit, in mitfühlender Anteilnahme. Damit ist gegeben, daß eine solche Liebe nicht *«eifert»:* nicht die ihr gebührende Anerkennung sucht, andere Personen nicht bekämpft, keine Feinde hat; also nicht danach sucht, wo sie den andern ins Unrecht setzen kann und auch nicht «seelische Kataloge» über die Verfehlungen der Menschen führt; daß sie sich nicht in jene ungesunde und das Leben selbst aushöhlende Erbitterung über die anderen «hineinarbeitet», die einfach Selbstgerechtigkeit ist. Damit ist verbunden, daß eine solche freundliche und nicht eifernde Liebe nicht *prahlt.* Sie drängt sich nicht in den Vordergrund, hört zu, stellt das eigene Selbst nicht in das Schaufenster der Bewunderung oder der Bemitleidung. Wir sehen nun, wie einfach, hell und klar jene Liebe ist, von der Paulus spricht; aber auch, wie viel tägliche, stündliche Anstrengung und Selbstüberwindung sie verlangt. Es sind kleine, oft unbeachtete, ja selbstverständliche Dinge, aus denen die tiefste Grundhaltung zum Sein erwächst. Aber die selbstverständlichen Dinge sind, wenn man sie ehrlich im Alltag zu verwirklichen sucht, gar nicht so «selbstverständlich».

«Die Liebe bläht sich nicht auf; sie tut nichts Unschickliches und sucht nicht den eigenen Vorteil.» Paulus versucht es nun von einer anderen Seite her. Er möchte die Gestalt der Liebe im Hohlspiegel der Verneinungen erahnen lassen. Es ist seltsam, wie Paulus diese Verneinungen aneinanderreiht. Zuerst sagt er, daß die Liebe *sich nicht aufbläht.* Damit meint er offenbar eine wichtige Eigenschaft der Liebe, die zwar unmittelbar einsichtig ist [schon vom bildhaften Ausdruck her], sich aber nur sehr schwer in Worte fassen läßt. Gemeint ist wohl damit ein Mensch, der sich nicht größer macht, als er in Wirklichkeit ist; der nichts Hohles und Leeres in sich aufnimmt; der sein eigenes Selbst, seine Anliegen, sein Streben, seine Bedeutung nicht aufwertet. Wirkliche Liebe erfüllt nicht mit ihrem eigenen Sein den Raum des Daseins, zieht sich eher zurück, läßt dem Lebendigen offenen Raum zur freien Bewegung, in dem es gedeihen kann. Sie füllt sich nicht mit Bedeutungslosem auf, sondern läßt das Dasein des andern in sich hereinströmen, seine Lebendigkeit, sein Empfinden, seine Freude, seine Gedanken, seine individuelle Existenz. Sie füllt sich auf vom andern her. Nur wer das Geschenk des andern Seins in sich aufnehmen kann, liebt wirklich. «Aufgebläht» ist

das beständig betonte Selbst; es drängt die andern aus dem Seinsraum hinaus. Dagegen bedeutet Liebe Zurückhaltung, innere Loslösung, Sich-selbst-nicht-Betonen. Die Liebe «macht sich klein»; sie sieht von sich ab, gönnt den anderen, was sie vielleicht selbst entbehrt; vielleicht freut sie sich sogar, daß der andere größer ist. Das ist dann unverfälschte Liebe.

Dieses Unverfälschte der Liebe offenbart sich darin, daß die Liebe *«nichts Unschickliches tut»*. Der Ausdruck ist hier nicht «moralisierend». Er meint einen inneren Vorgang: die Feinheit und das Feingefühl des Liebenden. In der Liebe ist man kein Bengel, eben weil man vom Sein des geliebten Wesens derart ergriffen ist, daß man ihm gegenüber einfach höflich sein muß [aus einem inneren Drang heraus]. Die Verwilderung der Liebe drückt sich sofort im Sinken der Umgangsformen aus. Die Liebe trägt aber etwas Adeliges in sich. Sie anerkennt das Gute im andern und läßt ihn fühlen, daß er geschätzt, hochgeachtet wird. Sie mäßigt die dem Menschen angeborene Gewalttätigkeit, versucht, Unerfreuliches fernzuhalten, damit kein Unheil und Leid entstehe. Diese Haltung besteht ganz einfach darin: für die anderen das Leben möglich machen, peinliche Situationen ausgleichen, die innere Verletzlichkeit des anderen Wesens bedenken, also die Würde der anderen Person in tätiger Haltung anerkennen. Daraus ergibt sich die Wesensbestimmung der Liebe: *«Sie sucht nicht den eigenen Vorteil.»* Dies ist aber unendlich schwer. In unser aller Leben bricht einmal der Überdruß ein. Es ist so demütigend, der zu sein, der man ist. Immer das Gleiche, immer diese schwache Kümmerlichkeit der eigenen Existenz. Da möchte man «vorankommen», oft auf Kosten des anderen. Man meint, von allen enttäuscht zu sein und sich selbst zu entgleiten. Hier ist Gefahr, und zwar eine wesentliche, das heißt das Wesen der Liebe selbst bedrohende. Die Versuchung nämlich, die anderen Menschen dafür zu gebrauchen, daß sie unser Selbst bestätigen, uns bereichern. Wie ist es überhaupt möglich, daß ein Mensch diesen Drang überwindet? Hier sind wir wiederum an der Grenze des Beschreibbaren angelangt. Die Antwort heißt, glaube ich: indem man liebt. Das ist wohl das Geheimnis der Liebe, das Nichtmehrerforschbare der zuneigenden Selbstloslösung. Darin besteht das Wesen der Liebe, daß sie diese finstere Versuchung, die «die Liebe im liebenden Menschen zu überwinden hat, *spielend überwindet»* [Karl Barth]. Die Liebe kann, indem sie liebt, einfach nicht sich selbst suchen. Sie ist unfähig dazu. – Nun vollzieht der Gedankengang des Paulus wiederum eine Wendung. Er beschreibt den Sieg der Liebe im Alltag.

«Die Liebe läßt sich nicht erbittern, rechnet das Böse nicht nach, freut sich nicht über das Unrecht. Sie freut sich über die Wahrheit.» Ein Wesenscharakteristikum der Liebe besteht in der «Gelöstheit». Darin, daß man des anderen Seins nicht überdrüssig wird, daß es uns nicht so leicht «auf die Nerven geht». Somit drängt die Liebe niemand von vornherein in die Haltung der Gegnerschaft. Sie überwindet also die *«Erbitterung»* grundsätzlich. Diese Überwindung vollzieht sich zunächst darin, daß sie *«das Böse nicht nachrechnet»*, daß sie kein «Dossier» über die Verfehlungen des andern führt, daß sie dem geliebten Du das Böse nicht nachträgt. Echte Liebe kann einfach nicht den geradezu perversen Satz aussprechen, den man so oft zu hören bekommt: «Ich habe dir verziehen, aber ich habe nichts vergessen.» Das «Nachrechnen» kann selbst das geliebteste Wesen mit der Zeit zu einem Scheusal, zu einem «Ding», das man nicht mehr aushalten kann, verwandeln. Es gehört zum Wesen der Liebe, daß sie nicht «rechnet», keine «Akten anlegt». Diese «gelöste Haltung» der Liebe hat nichts gemeinsam mit jener Einstellung , die *«sich über das Unrecht freut»*, mit jener inneren Gemeinheit, die sich eine Genugtuung daraus verschafft, daß der andere einen Fehltritt begangen hat, daß ihm etwas nicht gelang, daß er sich [endlich einmal] richtig «blamiert» hat. In

einem Leben, das sich über das Unrecht freut, bricht das Eigentliche der Liebe zusammen. Von da aus ist nur ein ganz kleiner Schritt zum Hochmut, zum ungeheuren Satz, den der Mensch vor seinem Gott [der sich für uns kreuzigen und verschmähen ließ] zu sagen wagt: «Herr, ich danke dir, daß ich nicht so bin wie die andern Menschen, wie diese Räuber, Betrüger, Ehebrecher oder auch wie dieser Zöllner.» Dagegen heißt es bei Paulus von dem Liebenden, daß er *«sich über die Wahrheit freut»*. Es ist eine Freude am Lichthaften der anderen Existenz. Ein tiefstes Wohlwollen. Ich freue mich, daß der andere einen höheren Grad des Bewußtseins, der Freiheit [vielleicht auch des Erfolgs], der Selbstlosigkeit und der Hingabe erreicht hat. Es ist jene Haltung, in der Gott seit der ersten Erschaffung der Welt bis in die Ewigkeiten hinein uns gegenübersteht und die Johannes mit einfachen Worten, die aber das Wesen des Christentums ausdrücken, definiert hat: «Gott ist größer als unser Herz» [1 Jo 3,20]. Über das Schöne und Verehrungswürdige im andern sich zu freuen, das ist eine der größten Taten der selbstlosen Liebe.

Die Forderung, die Paulus bis jetzt ausgesprochen hat, ist dermaßen hoch und überwältigend, daß der Apostel sich plötzlich bewußt wird, daß diese Liebe [deren Bild er eben entworfen hat] menschlich unerreichbar ist. Wir müssen Geduld mit uns selbst haben. Wenn wir lieben wollen, müssen wir stets neu beginnen, in stets neuer Initiative und Freiheit, im Aushalten und Durchhalten dessen, was uns noch zu leisten bleibt und worin wir immer wieder versagen. In vier Ansätzen deutet nun Paulus diesen Reifungsprozeß der Liebe an. Echtes Wachstum vollzieht sich immer langsam.

«Die Liebe erträgt alles. Sie glaubt alles. Sie hofft alles. Sie überdauert alles.» Zunächst tauchen vier einfache Begriffe auf. *«Ertragen»*, *«Glauben»*, *«Hoffen» und «Überdauern»*. Wie oft wird man, gerade indem man liebt, ausgenützt. Man ist wehrlos, verliert gleichsam sein eigenes Selbstsein, empfindet sich als Spielzeug. Der andere macht sich vielleicht die Liebe zu leicht. Diese Enttäuschung des Nichterwidertwerdens muß die Liebe «ertragen», sie im Glauben und in der Hoffnung überdauern. Oft ist man so müde; man möchte aufhören. Man erträgt das Scheitern der Liebesbemühung *einfach* nicht. Man glaubt dem andern nicht mehr, weil man fühlt [vielleicht hat man gute

Beweise], daß man betrogen wird. Man hofft nicht mehr auf eine wirkliche Änderung. Diese Liebe kann doch nicht überdauern! Aber wir müssen, wenn wir ehrlich sind, die Sache auch von der anderen Seite her betrachten. Freilich gibt es Situationen, in denen man erkennt, daß die vermeintliche Liebe nicht zum Mitsein geworden ist. Dann sollte man die Finger davon lassen. Wenn man aber eine vielleicht schmerzhafte Bindung eingegangen ist, dann gibt es nur Ertragen, Glauben, Hoffen und Überdauern. Was würde aus unserer Welt, wenn niemand mehr bei einem Du ausharren könnte? Mit diesen vier Eigenschaften der «reifen Liebe» beschreibt Paulus im Grunde nur die einzige Grundhaltung: Ich mache dem andern durch meine selbstlose Liebe möglich, daß er auch lieben kann; ich lasse es ihn spüren, wenn ich bei ihm und mit ihm bin, daß er in mir ganz geborgen ist, ganz der sein kann, der er ist oder sein möchte; daß mein Wesen ihn nicht einengt; daß ich ihm nicht zum Vorwurf mache, was er ist; daß ich in ihm denjenigen sehe, der er werden soll. Vielleicht erwachen in ihm – wohl nicht auf einmal, sondern im Laufe der ihm anhaltend zuströmenden Liebe – neue Möglichkeiten. Somit erwecke ich ihn zu seiner menschlichen Eigentlichkeit.

«Die Liebe hört niemals auf. Prophetenreden: sie werden aufgehoben werden. Sprachengaben der

Entrückung: sie werden aufhören. Erkenntnis: sie wird nicht mehr gelten.» Paulus kehrt hier zu seinem ursprünglichen Anfangsgedanken – aber wie in einer Spirale, auf einem höheren Niveau – zurück. Was wir am Ende unseres Lebens in den Händen halten, das sind nicht unsere Leistungen und Begabungen. Was unsere wirkliche, ewig dauernde Existenz aufbaut, ist eben dieses Ertragen der Last der Liebe, sonst nichts. Alles was wir erkannt haben, alles, was uns innerlich so erschüttert hat, alles, was wir ausdrücken und formulieren konnten [das heißt die ganze Sphäre unseres Weltbeherrschens, unserer Weltbemeisterung, der ganze Bereich unserer «Leistungen»], wird einmal untergehen in einer Verwandlung. Nur die Liebe hat *radikale Unverwandelbarkeit.* Sie allein nehmen wir ungebrochen in die ewige Vollendung hinein. Die Liebe ist die Gegenwart der bereits erfüllten Verheißung. Dies kommt bei Paulus in dem alle unsere «Erfolge» relativierenden Satz noch mehr zum Ausdruck:

«Denn Stückwerk ist unser Erkennen und Stückwerk unser Reden aus Eingebung. Wenn aber das Vollkommene kommt, wird das Stückwerk ein Ende haben.» Wir können in unserem Leben nichts wirklich vollenden. Die Sehnsucht, die Ahnung, das Wollen greifen immer voraus; die Verwirklichung bleibt immer zurück. Wirklichen Bestand

hat nur die Liebe. Alles andere kann nur als «Stückwerk» vollzogen werden. Was einem noch vor Jahren oder sogar vor Monaten so einleuchtend, so selbstverständlich erschien, erweist sich plötzlich als kümmerlich und nichtssagend. Nicht einfach «wertlos», aber eben nur «Stückwerk». Freilich vollzieht sich in einem ehrlich gelebten Dasein ein Tieferwerden. Es überkommt uns die Sehnsucht nach Stillwerden, nach Innehalten, nach Sammlung. Dieses Stillwerden muß man aber lernen. Sonst verkümmert etwas in uns; sonst bleiben wir im Getriebe der bruchstückhaften Gedanken, der Unruhe des Begehrens und der Ängste. Man muß das ruhige Verweilen bei einer ernsten Frage, bei einem wichtigen Gedanken einüben. Erst dann entsteht wirkliche Innerlichkeit. Wenn und indem aus dem Schweigen eine Lebensform geworden ist, bricht aus der Existenz etwas hervor, das Weisheit, stilles Verstehen heißt, oder einfach Liebe.

Diese aber bleibt. Echte Einheit des Lebens, das Zusammenhalten der Unterschiede, der Trennungen, der Widersprüche und der Gegensätze, die unser Denken und unsere Sprache erschweren, ja das Einswerden mit den Freunden, mit der Natur und auch mit seinem eigenen Leben, das alles kann nur die Liebe vollziehen. Sonst bleiben wir selber ein «Stückwerk»: fremde Wesen in einer fremden Welt. Deshalb heißt es bei Paulus:

«Als ich ein Kind war, redete ich wie ein Kind, dachte ich wie ein Kind, urteilte ich wie ein Kind. Als ich aber Mann geworden, habe ich das Kindische abgelegt.» Paulus wendet sich hier nicht gegen jenes Große, das in den Evangelien gepriesen wird, gegen die Kindlichkeit; also nicht gegen jene Einfachheit und Unmittelbarkeit des Gemüts, gegen die Fähigkeit des absichtslosen Inneseins und Innewerdens, die sehr edle und nur schwer erwerbbare Eigenschaften menschlicher Eigentlichkeit sind. Er spricht aber gegen jenes «Kindische», das nicht reifen will, das ständig an dem Vorläufigen haften bleibt. Ein Kind nennen wir «kindlich», einen Erwachsenen aber, der sich durch das Leben «hindurchspielt», der sich nicht zum Ernst der Verpflichtung und der Aufgabe durchringen kann, nennen wir «kindisch». Gerade dieses Unverantwortlich-Kindische des Denkens, Redens und des Urteilens versperrt uns den Weg zur eigentlichen Liebe.

Denn Liebe bringt, wie vorhin angedeutet, eine eigentümliche Schwere, ja oft eine bedrohliche Not in die Existenz. In der Liebe muß man «durchhalten». Mit ihr kann man nicht spielen oder verantwortungslos umgehen. Indem wir uns der Sorge, dem Ernst, dem Verbrauchenden der Liebe aussetzen, reift unser Dasein zum Wesenhaften. So und nur in dem Maße geschieht «Geburt» in unserer Existenz. Auf welche Zukunft hin ist aber diese sich in der Liebe vollziehende Geburt des Menschen ausgerichtet?

Zukunft der Liebe

Worin besteht die Verheißung der in der Liebe reif gewordenen Existenz? Der Apostel spricht sie in drei Sätzen aus.

«Jetzt sehen wir im Spiegel, rätselhaft, dann aber von Angesicht zu Angesicht.» Paulus spricht von unserem «bruchstückhaften» Sehen, das – wie es in allen Spiegeln geschieht – immer «verkehrt» ist [spiegelverkehrt] und das auch [es handelt sich ja um einen antiken Spiegel, der nichts anderes als ein feinpoliertes Metall war] die Züge verschwommen wiedergibt. Wir erleben das Eigentliche in Anschauungen und Begriffen; es ist noch nicht als Erfahrung von Du zu Du gegeben. Im Grunde erfahren wir fast alles «verkehrt»: Gott ist uns ganz nah, und wir denken ihn «fern»; Gott ist fern, und wir denken ihn ganz «nah». Diese Existenzweise wird ganzheitlich umgeformt werden. Gott wird uns radikal zum Du: «von Angesicht zu Angesicht»; direkt, unmittelbar, im gegenseitigen Schauen und Berühren. In dem Maße, als ich liebe, wird zwischen mir und Gott sich jenes ereignen,

wovon die Freunde und Liebenden in höchsten Augenblicken ihres Innewerdens eine ferne Ahnung bekommen: Ich bin Du, und du bist ich. Die Liebe entfaltet sich in eine absolute Vollendbarkeit. *«Jetzt erkenne ich im Stückwerk, dann aber werde ich erkennen, wie ich erkannt werde.»* In diesem unscheinbaren Satz ist die ganze Fülle der Verheißung unserer irdischen Liebe enthalten. Wir werden Gott erkennen, so wie er uns erkennt. Das heißt: Wir gehen ein in die Unmittelbarkeit seines Schauens und seiner Gegenwart. *Wir bleiben zwar Geschöpfe;* aber mit allen Fasern unserer Existenz werden wir Gott so verstehen, wie er uns versteht. Dies bedeutet im Grunde: *wir werden zu Gott.* Die Grunddynamik meiner irdischen Existenz entfaltet sich in ein Hineinschreiten, in ein Hineinwachsen ins Absolute.

«Nun aber: Glaube, Hoffnung und Liebe, diese drei bleiben. Das Größte von ihnen ist aber die Liebe.» Auch in diesem ewigen Gegenüber bleiben Glaube und Hoffnung bewahrt. Freilich ganz in eine unmittelbare Beziehung zu Gott umgewandelt, ins Schauen aufgehoben, aber dennoch wirklich. Glaube bleibt: ein ständiges Gegenüberstehen und Liebend-Empfangen; Hoffnung bleibt: ein noch mehr Empfangenkönnen und Empfangenwollen von der ewigen Liebe. Diese zwei müssen wohl ihre irdische «Gestalt» wandeln. Sie

werden sich nicht in der irdischen Dunkelheit und im Umherirren vollziehen, sondern als ein leuchtendes, glühendes, immer mehr beglückendes Hineinwachsen in einen «immer wachsenden» Gott. So interpretiert Irenäus von Lyon diese Stelle bei Paulus: «Gott muß immer der größere sein. Und dies nicht nur in dieser Welt, sondern auch in der Ewigkeit. So bleibt Gott immer der Lehrende und der Mensch immer der Lernende. Sagt doch der Apostel, daß, wenn alles übrige untergegangen sein wird, diese drei allein noch bestehen: Glaube, Hoffnung und Liebe. Denn immerdar bleibt unerschütterlich unser Glaube zu unserem Lehrer, und wir dürfen daraufhin hoffen, wieder etwas mehr von Gott geschenkt zu bekommen... Eben weil er der Gute ist und unausschöpfbaren Reichtum besitzt und ein Reich ohne Ende.»

Die Liebe aber ist das Größte! Warum? Weil sie, und nur sie, ohne Gestaltwandel hineingehen kann in die Vollendung. Unser Glaube und unsere Hoffnung gehören noch zum «Bruchstückhaften»; sie bleiben ewig, müssen aber eine wesenhaft neue Form erhalten: die Gestalt des sicheren, ruhigen, aber [weil Gott unendlich ist] ewigen Hineinschreitens in Gott. Einzig die Liebe bleibt so, wie sie ist [wenn und indem sie wirklich Liebe ist]. Das bedeutet aber, daß sie bereits jetzt als endgültige Vorwegnahme des Endgültigen gedeutet werden kann und muß. Gegenwart des Himmels in unserem irdischen Leben. Gegenwart des Endgültigen in unserer gebrechlichen Existenz. Das ist die Liebe. Und das ist wohl auch das Geheimnis der Weihnacht.

VERHEISSUNG

WOLLEN wir über das Geheimnis der Weihnacht nachdenken, so können wir es nicht besser tun, als über das Geheimnis eines Menschen nachzusinnen, der sich vom Kinde Jesu benannte: über das der *Theresia von Lisieux*. Sie vermag uns vielleicht mehr zu sagen als die wichtigen, ernsten und bedeutenden Männer, von denen so oft die Rede ist. Als sie starb, war sie erst vierundzwanzig Jahre alt. Es ist viel über sie geschrieben worden. Man hat viel zu ihr gebetet und viel über ihren «kleinen Weg» der Heiligkeit nachgedacht. Wir finden viel Frommes in ihren Schriften. Anderseits aber auch Widerspruchserregendes. Das Blumige des Lebens- und Schreibstils können wir bei ihr ebensogut wiederfinden wie die Kühnheit und das Wagnis. Ihr Leben bestand im Grunde in einer «verwegenen Hingabe» [téméraire abandon]. Was kann sie uns für unsere weihnachtliche Besinnung sagen? Möchten wir die Mission dieses ungewöhnlichen Mädchens erfassen, so müssen wir auf ihre «Selbstbiographischen Schriften» zurückgreifen. Diese stehen uns heute in ihrer Originalfassung zur Verfügung.[1] Wie die meisten ungewöhnlichen Men-

[1] *Therese vom Kinde Jesus, Selbstbiographische Schriften* [authentischer Text]. Johannes Verlag, Einsiedeln 1958 [die aus dieser Schrift entnommenen Texte werden nur mit Seitenangabe zitiert]. – *Therese von Lisieux, Geschichte einer Seele und weitere Selbstzeugnisse;* gesammelt, übersetzt und

schen hat sie *bildhaft* gedacht. Bildliches Denken ist das Subtilste, das sich uns darstellen kann. In ihm vereinigt sich die Spannung der Seele mit dem Erdhaften und offenbart die Geheimnisse eines konkreten Schicksals. Wollen wir diesem Schicksal nahe kommen, so müssen wir uns fragen, in welchen Bildern Theresia ihr Leben und ihre Aufgabe erschaut hat. Welche Bilder haben das Seelenleben von Theresia von Lisieux beherrscht? Zuerst wäre ein Bild zu nennen, das eine «weihnachtliche Stimmung» andeutet:

DIE STERNE: «Der Sonntag hatte für mich auch einen Hauch von Schwermut. Ich erinnere mich, daß mein Glück ungetrübt war bis zur Komplet..., [doch bald] erinnerte ich mich daran, daß man am morgigen Tag das Alltagsleben wieder beginnen müsse... und mein Herz empfand die Verbannung auf Erden... Ich seufzte nach dem Himmel, nach dem Sonntag ohne Abend... Auf dem Heimweg mit Papa betrachtete ich die glitzernden Sterne, und dieser Anblick entzückte mich. Vor allem eine Gruppe von goldenen Perlen [der Gürtel des Orion] bemerkte ich mit Freude. Ich fand, sie habe

eingeleitet von *Otto Karrer.* Ars Sacra, Lugano 1947 [diese Schrift zitieren wir mit «Karrer»]. – *André Combes, Sainte Thérèse de Lisieux et sa Mission* [deutsch: Die Heilige des Atomzeitalters]. Verlag Herold, Wien 1956. Diese Schrift wird unter «Combes» zitiert.

die Gestalt eines T und sagte zu Papa: ‹Sieh doch, mein Name ist in den Himmel geschrieben›» [S. 38]. – Wir bemerken hier, welche Erlebnisse der Transzendenz die Seele dieses Kindes beherschten und welche Verheißungen Gott ihm durch die schlichten Ereignisse des Tages nahegebracht hatte. Wir müssen uns aber dabei immer vor Augen halten, daß diese «Erinnerungen» Theresias nicht bloße Erinnerungen sind, sondern Deutungen der Gegenwart Gottes in ihrem Leben.

Das Kind: Theresia empfand sich immer als ein «Kind». Auf eine Frage: «Was würden Sie tun, wenn Sie Ihr religiöses Leben noch einmal von vorne beginnen könnten?», antwortete sie: «Ich glaube, ich würde das gleiche tun... Ich könnte mich nicht vor der Verdammung fürchten. Kleine Kinder werden nicht verdammt. Die Kleinen werden ausnehmend milde gerichtet werden. Übrigens kann man auch in den verantwortlichsten Aufgaben klein bleiben. Steht von ihnen nicht geschrieben, daß der Herr sich zuletzt ‹erheben wird, um alle Sanften und Demütigen der Erde zu trösten›?» [Karrer, S. 207]. «Die Vollkommenheit erscheint mir als etwas Einfaches. Ich sehe, es genügt, sein Nichts zu erkennen und sich wie ein Kind in die Arme des lieben Gottes hinzugeben. Die schönen Bücher, die ich nicht verstehen, geschweige denn in die Tat umsetzen kann, lasse ich gerne den großen Seelen, den erhabenen Geistern und freue mich, klein zu sein, da ja den Kindern und denen, die ihnen gleich sind, das himmlische Gastmahl vorbehalten ist» [Karrer, S. 204]. «Seit einiger Zeit habe ich mich dem Jesuskind als sein Spielzeug angeboten. Ich habe ihm gesagt, es solle mich nicht wie ein kostbares Spielzeug behandeln, das die Kinder nur anschauen, weil sie nicht wagen, es anzurühren, sondern als einen kleinen Ball von keinerlei Wert, den es auf den Boden werfen, mit dem Fuß stoßen, durchbohren, in einem Winkel liegen lassen oder an sein Herz drücken könne, wenn es ihm Freude macht. Mit einem Wort, ich wollte den kleinen Jesus unterhalten, ihm Spaß machen, ich wollte mich ganz seinen kindlichen Unberechenbarkeiten überlassen. Und: er hat mein Gebet erhört» [S. 139–140]. – Abermals sehen wir die Reife dieses «Kindseins vor Gott». Fast nichts Sentimentales ist darin enthalten. Nur die Forderung, sich ganz den Launen eines Kindes auszuliefern und darin, weil dieses Kind Gottmensch ist, Gott selbst näher zu kommen.

Das Meer: «Ich war sechs oder sieben Jahre alt, als Papa uns nach Trouville führte. Nie werde ich den Eindruck vergessen, den das Meer auf mich machte. Ich konnte nicht anders, als es unaufhörlich anschauen. Seine Herrlichkeit, das Donnern seiner Wogen, alles sprach zu meiner Seele von der Größe und Macht Gottes... Am Abend, zur Stunde da die Sonne in der Unermeßlichkeit der Fluten zu baden scheint und vor sich eine Lichtbahn zurückläßt, setzte ich mich mit Pauline allein auf einen Felsen... Lange betrachtete ich diese leuchtende Bahn, ein Abbild der Gnade, den Weg erhellend, den das Schifflein mit dem weißen Segel durchlaufen soll... Neben Pauline faßte ich den Entschluß, nie meine Seele den Blicken Jesu zu entziehen» [S.45–46]. – Wiederum sehen wir, mit welcher Unmittelbarkeit Gott in die Seele dieses Kindes durch die Schöpfung einströmte. Es war ein Leben, ausgewählt, Gott zu finden in allen Dingen.

Die kleine Blume: «Wenn eine kleine Blume sprechen könnte, so würde sie einfältig erzählen, was der liebe Gott für sie getan hat, und nicht seine Wohltaten zu verheimlichen suchen. Sie würde nicht unter dem Vorwand falscher Demut behaupten, sie sei ohne Anmut... Die Blume, die ihre Geschichte erzählen will, freut sich..., künden zu dürfen..., daß allein die Barmherzigkeit Christi in ihr alles gewirkt hat, was an ihr recht ist» [S.7]. – Versuchen wir, uns in diese einerseits so «blumige», anderseits derart ehrliche Sprache hineinzudenken. Theresia empfindet sich als «Blume», und zwar als eine «kleine Blume». Sie ist erwachsen aus der Erde und einfach aufgeblüht, ohne Verdienst und Bemühung: ein Geschenk der Gnade.

Der Korb: «Eines Tages kam Léonie, die sich für allzu groß hielt, um noch mit Puppen zu spielen, zu uns beiden. Sie brachte einen Korb voller Puppenkleider und hübschen Stoffresten... oben drauf lag ihre Puppe. ‹Hier habt ihr, meine Schwesterchen›, sagte sie, ‹wählet euch aus, ich schenke euch das alles.› Céline streckte die Hand aus und nahm ein Päckchen Bänder, das ihr gefiel. Ich dachte einen Augenblick nach, streckte meinerseits die Hand aus und sagte: ‹Ich wähle alles!› und nahm den Korb ohne weitere Umschweife an mich... Dieser kleine Zug meiner Kindheit ist der Inbegriff meines ganzen Lebens» [S.22–23]. Später schrieb sie: «Verzeih mir Jesus, wenn ich meine ans Unendliche grenzenden Wünsche und Hoffnungen abermals vortrage. Verzeihe mir und heile meine Seele, indem du ihr gibst, was sie erhofft. Deine Braut sein, Jesus, Karmelitin sein..., das sollte mir genügen. Und doch ist dem nicht so... Ich fühle die Berufung zum Priester, zum Apostel, zum Kirchenlehrer, zum Martyrer. Kurz: Ich spüre das Bedürfnis, den Wunsch, für dich, Jesus, die heroischsten Werke allesamt zu vollbringen. Ich spüre in meiner Seele den Mut eines Kreuzfahrers. Zur Verteidigung der Kirche möchte ich auf dem Schlachtfeld sterben... Ich fühle in mir die Berufung zum Priester. Mit welcher Liebe trüge ich dich in meinen Händen, wenn auf mein Wort hin du vom Himmel herabsteigst... Trotz meiner Kleinheit möchte ich die Seelen erleuchten wie die Propheten und Kirchenlehrer. Ich habe die Berufung, Apostel zu sein. Ich möchte die Welt durcheilen, deinen Namen verkünden und dein glorreiches Kreuz in den Heidenländern aufpflanzen. Aber, eine einzige Mission genügte mir nicht. Ich möchte das Evangelium in allen fünf Weltteilen gleichzeitig verkünden, bis zu den fernsten Inseln. Ich möchte Missionar sein, nicht nur für einige Jahre, sondern möchte es gewesen sein vom Anbeginn der Welt und es bleiben bis ans Ende der Zeiten... Was antwortest du nun, mein Jesus, auf meine Torheiten?... Gerade meiner Schwachheit willen hat es dir gefallen, meine kleinen kindlichen Wünsche zu erfüllen. Heute willst du andere Wünsche erfüllen, die größer sind als das Weltall» [S. 197–199]. – Welch wundersame Folgerichtigkeit im Seelenleben der heiligen Theresia von Lisieux! Sie will sowohl als Kind als auch als Nonne «alles haben»: Zuerst den Korb, dann aber restlos alles. Am Ende hat sie dieses «Alles» auch restlos erhalten.

DIE NATUR: «Den Blick in die Ferne gerichtet, betrachteten wir den bleichen Mond, der langsam über den großen Bäumen aufging, den Silberschein, den er über die schlafende Natur warf, den leichten Atem des Abendwindes, die leuchtenden Sterne, die im tiefen Blau funkelten... alles erhob unsere Seelen zum Himmel, dem schönen Himmel, von dem wir einstweilen bloß die ‹lichte Außenseite› betrachten konnten» [S. 102–103]. Dann wiederum: «Ich machte von je die Beobachtung, daß die Natur bei allen Ereignissen meines Lebens das Bild meiner Seele war. Weinte ich, so weinte der Himmel mit. War ich froh, so zeigte der blaue Himmel kein Wölkchen» [S. 110]. – Es würde vielleicht manchen von uns in dieser Beziehung interessieren, wie Theresia von Lisieux die Schweiz erlebt hatte. Sie beschreibt ihre Fahrt nach Rom, wo sie den Heiligen Vater sprechen wollte, um ihn um Erlaubnis zu bitten, mit fünfzehn Jahren ins Kloster einzutreten.

Die Schweiz: «Bevor wir die Ewige Stadt, das Ziel unserer Pilgerfahrt, erreichten, durften wir noch viele Wunderwerke bestaunen. Da war zunächst die Schweiz mit ihren Bergen, deren Gipfel sich in den Wolken verlieren, ihren Wasserfällen..., ihren tiefen Tälern voll riesiger Farnkräuter und rosigem Heidekraut... Wie wurde mein Herz dadurch zu dem emporgehoben, der solche Werke über einen Ort ausgeschüttet hat... Ich hatte nicht Augen genug, um alles zu betrachten. Aufrecht am Wagenfenster, verlor ich fast den Atem. Am liebsten wäre ich auf beiden Seiten des Wagens zugleich gewesen. Sobald ich mich umdrehte, sah ich zauberhafte und wieder ganz andere Landschaften... Manchmal waren wir hoch oben in den Bergen. Zu unseren Füßen schienen Abgründe uns verschlingen zu wollen, deren Tiefe der Blick nicht ermessen konnte... Dann wieder ging es durch ein liebliches Dörflein mit seinen anmutigen Holzhäusern und seinem Kirchturm, über dem leuchtend weiße Wolken dahinschwebten... Später erschien ein gewaltiger See, den die letzten Sonnenstrahlen vergoldeten. Seine stillen, reinen Fluten spiegelten das Blau des Himmels das sich mit den Feuern des Sonnenuntergangs mischte und unseren Blicken ein bezauberndes Schauspiel bot... Hinten am weiten Horizont sah man Berge, deren Umrisse uns entgangen wären, hätte nicht die Sonne ihre Gipfel aufleuchten lassen. Das alles fügte der Schönheit des Sees noch einen weiteren Reiz zu... Der Anblick all dieser Schönheiten regte meine Seele zu tiefen Gedanken an. Mir war, als begriffe ich schon jetzt, wie groß Gott ist und wie wundervoll der Himmel» [S. 125–126]. – Brauchen wir dem noch etwas hinzuzufügen, außer der Dankbarkeit, daß Gott uns ein Land schenkte, das die Seele einer Heiligen zu solchen Gedanken anregte?

DAS WACHS UND DER ZEISIG: «Während der Krankheit einer Bekannten nahmen wir zwei Mädchen zu uns ins Haus... Bei der Betrachtung dieser unschuldigen Kleinen drängte sich mir der Vergleich mit dem Wachs auf, das jeden Eindruck aufnimmt... Ich verstand, was Jesus im Evangelium gesagt hat, daß es besser wäre, in die Tiefe des Meeres versenkt zu werden, als einem dieser Kleinen Ärgernis zu geben» [S. 114]. Sogleich wird diese Erfahrung durch ein zweites Erlebnis vertieft: «Ich erinnere mich, daß ich unter meinen Vögeln einen Zeisig hatte, der entzückend sang. Auch hatte ich einen kleinen Hänfling, den ich pflegte... Dieser arme Gefangene hatte keine Eltern, die ihm das Singen hätten beibringen können. Von morgens bis abends hat er den Zeisig fröhlich trillern gehört. Er wollte ihn nachahmen... Das war ein schwieriges Unternehmen für einen Hänfling... Es war reizend zu sehen, wie das arme Tierchen sich anstrengte. Schließlich waren aber seine Bemühungen von Erfolg gekrönt. Sein Gesang, obwohl er eine viel größere Zartheit bewahrte, wurde dem des Zeisigs völlig gleich» [S. 115]. – Zwei eindrückliche Bilder: Das Wachs lehrt Theresia, wie der Mensch von Gott geformt wird und seine Fingerabdrücke behalten kann; der Hänfling beweist ihr, daß der Mensch sich ganz andere «Melodien» angewöhnen kann, als jene, die ihm angeboren sind.

Die Busse: Vor ihrem Eintritt in den Karmel von Lisieux hat sich Theresia auf den großen Tag vorbereitet. Seltsam erscheint aber, wie sie es tat:

«Wie gingen diese drei Monate hin, die für meine Seele so reich an Gnaden waren?... Anfänglich kam mir in den Sinn, einmal ruhig ein weniger streng geregeltes Leben zu führen, als ich es gewohnt war. Dann aber erkannte ich den Wert der Frist, die mir geboten war. Ich beschloß, mehr denn je ein ernstes, abgetötetes Leben zu führen. Wenn ich ‹abgetötet› sage, so will ich damit nicht glaubhaft machen, daß ich Bußwerke verrichtet hätte... Ich habe nie ein einziges verrichtet. Weit davon entfernt, den schönen Seelen zu gleichen, die sich von Kind auf alle Arten von Bußübungen auferlegten, fühle ich für solche keine Anziehung... Meine Abtötungen bestanden darin, meinen Eigenwillen zu brechen..., ein Wort des Widerspruchs zurückzuhalten, kleine Dienste zu erweisen..., mich beim Sitzen nicht anzulehnen... Durch Ausübung solcher Nichtigkeiten bereitete ich mich darauf vor, Braut Jesu zu werden. Ich kann nicht sagen, wieviel zarte Erinnerungen ich an diese Wartezeit habe. Drei Monate vergehen schnell» [S. 149]. – Wiederum ist es erstaunlich zu sehen, wie tief dieses Kind in die Gesinnung Christi eindrang. Für sie waren die äußeren Bußübungen «nebensächlich». Wonach sie eigentlich strebte, war: Sich selbst ganz in die Hand zu bekommen; sich für den heiß ersehnten Augenblick innerlich vorzubereiten.

Der Schnee: «Ich weiß nicht, ob ich von meiner Vorliebe für den Schnee schon erzählt habe? Seine Weiße entzückte mich schon, als ich noch ganz klein war. Eines meiner größten Vergnügen war es, unter den weißen Flocken spazierenzugehen. Woher kam mir nur diese Freude am Schnee? Vielleicht daher, daß ich eine kleine Winterblume bin und mein Kinderauge die Natur zuerst in ihrem Winterschmuck erblickte. Wie dem auch sei, ich betrachtete den Himmel traurig, als an meinem Einkleidungstag nur Regen herabrieselte» [S. 159]. – Wiederum war ein schöner Tag verdorben. Ist es aber so wichtig, am Einkleidungstag Schnee zu haben?

Das Spielzeug Jesu: «Eines Tages während der Betrachtung erkannte ich, daß mein Verlangen nach der Profeß von großer Eigenliebe durchsetzt sei... Da ich mich Jesus geschenkt hatte, um sein kleines Spielzeug zu sein, durfte ich ihn nicht zwingen, meinen Willen zu tun, statt den seinen... Ich begriff ferner, daß eine Braut für den Hochzeitstag festlich geschmückt sein sollte... So will ich allen Fleiß darauf verwenden, mir ein schönes... Hochzeitskleid zu machen. Und wenn du, mein Jesus, findest, daß der Schmuck reich genug ist, so bin ich sicher, daß alle Geschöpfe zusammen dich nicht hindern werden, zu mir herabzusteigen, um mich für immer mit dir zu vereinen» [S. 163]. –

Auch hier schimmert durch die kindliche Ausdrucksweise die Ernsthaftigkeit der Intention hindurch: Ein Leben lang Spielzeug Jesu zu sein; das zu tun, was ihm beliebt.

DIE LEINWAND: «Könnte die Leinwand, auf welcher der Künstler malt, denken und sprechen, sie würde sich nicht beklagen, daß der Pinsel unaufhörlich über sie hin- und herstreicht. Sie würde auch nicht das Los des Pinsels beneiden. Sie wüßte ja, daß sie nicht dem Pinsel, sondern dem Künstler die Schönheit verdankt, von der sie bekleidet ist. Ebensowenig könnte der Pinsel sich des Meisterwerks rühmen, welches durch ihn zustandekam. Er wüßte wohl, daß ein rechter Künstler nie verlegen ist, daß er die Schwierigkeiten spielend überwindet und sich zuweilen ein Vergnügen daraus macht, gerade mit den schwächsten und mangelhaftesten Werkzeugen zu arbeiten. Ich bin so ein kleiner Pinsel..., den Jesus erwählt hat, um sein Bild in die Seelen zu malen... Ein Künstler hat mehrere Pinsel. Zum mindesten braucht er deren zwei. Der eine, der ihm der nützlichste ist, trägt die Grundtöne auf und bedeckt in kurzer Zeit die ganze Leinwand mit Farbe. Der andere, der kleinere, dient für Einzelheiten... Ich bin der ganz kleine Pinsel, den Jesus für die geringsten Einzelheiten verwendet» [Karrer, S. 157–158]. – Mit solchen Überlegungen versuchte Theresia von Lisieux ihr Gewissen zu beschwichtigen, als sie bemerkt hatte, daß Gott durch sie in den Seelen anderer große Werke wirkt. Sie hätte keinen Grund dazu gehabt, denn niemand glaubte wirklich, daß sie etwas Außerordentliches erreichen könnte.

DIE FLUCHT: «Weil ich gerade vom letzten Ausweg sprach, um einer Niederlage in den Kämpfen des Lebens zu entgehen, muß ich ihn eigens noch erwähnen: die Flucht. Ich verfiel auf dieses wenig ehrenhafte Mittel während meines Noviziats. Jedesmal bin ich damit gut gefahren... Zweifellos ist es besser, sich dem Kampf nicht auszusetzen, wenn die Niederlage gewiß ist... Wenn ich zurückdenke, muß ich über manches lachen... Ich wundere mich über nichts mehr und bin nicht traurig... Im Gegenteil, ich rühme mich meiner Schwachheiten und bin täglich darauf gefaßt, neue Gebrechen in mir zu entdecken» [Karrer, S. 152–153]. – Eine grundehrliche Haltung Christus gegenüber, die nichts verschleiern will. – Schließlich müssen wir jenes große Bild in der Seele Theresias besprechen, das sie eigentlich bekannt machte, ja durch das sie Berühmtheit erlangte, das Bild vom AUFZUG: «Sie wissen, meine Mutter, von jeher verlangte ich, heilig zu werden. So oft ich mich aber mit den Heiligen verglich, mußte ich feststellen, daß zwischen ihnen und mir ein unendlicher Unterschied besteht... Aber ich ließ mich nicht entmutigen, sondern sagte mir: Gott kann nicht unerfüllbare Wünsche eingeben. Also kann ich, so klein ich auch bin, nach Heiligkeit streben. Mich größer zu machen ist unmöglich. Ich muß mich nehmen, wie ich bin, mit meinen zahllosen Mängeln. Aber ich will versuchen, auf einem ganz bescheidenen, geraden, kurzen, wenn auch ungewohnten Weg zum Himmel zu gehen. Wir leben im Zeitalter der Erfindungen. Es lohnt sich jetzt nicht mehr, die Stufen einer Treppe hinaufzusteigen. Es reicht ein Aufzug. Es muß für mich einen Fahrstuhl geben, der mich zu Jesus emporträgt. Ich bin zu klein, um die Stufen der Vollkommenheit emporzuklimmen. So suchte ich in der Heiligen Schrift nach einem Hinweis auf den begehrten Fahrstuhl. Ich stieß auf die Worte: ‹Ist jemand klein, der komme zu mir.› Damit kam ich Gott näher und ahnte schon, daß ich auf der rechten Spur war. Und da ich weiterforschte, was den ‹ganz Kleinen› geschehe, fand ich: ‹Wie eine Mutter ihr Kind liebkost, so will ich euch trösten. Auf meinen Armen werdet ihr getragen, auf meinen Knien will ich euch wiegen›» [Karrer, S. 131–132]. – Ich glaube nicht, daß man diese Stelle besonders kommentieren sollte.

Was sollen wir noch über dieses einfache Mädchen sagen, das uns so plötzlich entschwunden ist? Seit jeher hat Theresia voll glühender Liebe für den menschgewordenen Gott, für das Kind Jesus gelebt. Sie überzeugte sich, daß dieser Gott nur Liebe ist. Da opferte sie sich dieser Liebe. Nicht etwa um ein Opfer der Gerechtigkeit zu werden, sondern als Zeugin, die ununterbrochen wiederholt: «Täuscht euch nicht! Unser Gott kennt keine Strenge. Er hat auch keine Absicht. Er will nicht Gleiches mit Gleichem vergelten. Unser Gott ist unendliche Liebe, die jede Schwäche verzehrt» [Combes, S.259]. Dies ist wohl die Botschaft der Weihnacht, eine Botschaft der Verheißung.

GOTTESGEBURT IN UNS

Zu dieser Weihnacht sei ein sehr einfacher Gedanke aufgegriffen, den bereits *Johannes Tauler* im 14. Jahrhundert erklärt hat: Die dreifache Geburt Christi. Sie zu bedenken weitet unsere Betrachtung über die Weihnacht in ihre kosmischen Dimensionen aus. Tauler spricht von den drei Weihnachtsmessen. Er entdeckt darin eine dreifache Aussage: Geburt Christi in der Dreifaltigkeit; Geburt Christi in der Geschichte; Geburt Christi in uns. Vielleicht wird es unserer Meditation nützen, diesem Gedanken schlicht nachzugehen.

Geburt Christi in der Dreifaltigkeit

Man feiert diese erste Geburt in dunkler Nacht. Die Messe beginnt mit den Worten: «Es sprach der Herr zu mir: Mein Sohn bist du, heute habe ich dich gezeugt» [Ps 2,7]. Die erste Messe deutet auf die verborgene Geburt des Sohnes Gottes hin, die in der Dreifaltigkeit geschah. Wenn wir das tiefste Geheimnis der Geburt Christi ergründen wollen, müssen wir das Geheimnis aller Geheimnisse, den ewigen «Vorgang» der Dreifaltigkeit, bedenken. Gott ist dreifaltig, sagt uns die Offenbarung. Er ist ein «Vorgang», worin Gott sich personal gegenübersteht und diesen Gegenüberstehenden, seinen Sohn, so liebt, daß seine Liebe selbst jemand ist, der Heilige Geist. Gott ist demnach ewig am Entspringen. Ewig als Zeuge: der Vater. Ewig am Hervorgehen: der Sohn. Ewig kreisende Liebe: der Heilige Geist. Mit unserem Geschaffensein sind wir mit diesem Vorgang der Dreifaltigkeit verbunden. Alles Erschaffene ist, indem es die Züge der zweiten göttlichen Person trägt. Indem man lebt, empfindet und denkt, vollzieht man geheimnishaft das Leben Gottes selbst. Die Christusähnlichkeit konzentriert sich im «wirklich lebenden», im begnadeten Menschen derart, daß dieser zum Tempel des Heiligen Geistes wird. Die Welt als «Gefäß und Wohnsitz des Göttlichen» zu erfahren, ist das Ziel des christlichen Lebens und des christlichen Gebetes in der Welt.

Geburt Christi in der Geschichte

Die zweite Messe hebt an: «Heute erstrahlt ein Licht über uns» [Is 9,1]. Der Sohn Gottes ist Mensch geworden eines Nachts vor zweitausend Jahren in einem kleinen Dorf, in Bethlehem. Man hat ihn in einen Futtertrog gelegt und in Windeln gewickelt. Seine Mutter hat ihn gestillt. Er war wie alle Kleinkinder: ein winziges Stück Leben, hilflos. Er hat sich ganz auf unsere Not eingelassen. Später verbrachte er ein kaum bemerktes Leben, war unbeachtet und mißverstanden. Überall traf er auf Unverstehen, ja auf Feindseligkeit: preisgegeben der Armseligkeit, umgeben von unbedeutenden Menschen, gleichsam von einer Mauer des Unverständnisses gefangengehalten. Unser Gott ist radikal klein geworden. Ein Geheimnis ist dieses Kleinsein und Unbedeutendsein unseres Gottes. Damit hat Christus die Demut zum Grundgesetz der «neuen Schöpfung» gemacht. Dies wäre das Geheimnis der Weihnacht, wie es sich damals in Bethlehem kundtat.

Geburt Christi in uns

Die dritte Messe beginnt am lichten Tag: «Ein Kind ist uns geboren, ein Sohn ist uns geschenkt» [Is 9,5]. Dies versinnbildet jene Geburt, die in uns täglich geschieht.

Gertrud die Große schreibt in ihrem Buch «Gesandter der göttlichen Liebe»: «Eines Tages trat ich in den Hof, setzte mich an den Fischweiher und betrachtete die Lieblichkeit des Ortes. Die Klarheit des vorüberfließenden Wassers, das Grün der Bäume, der Flug der Vögel und sonderlich der Tauben, vor allem die Ruhe erfüllten mich mit Wohlgefallen. Ich begann zu erwägen, was diesem

Aufenthalt noch beizufügen wäre, um die Freude zu vollenden. Ich dachte mir, ich müßte einen Freund haben, der mir, vertraut und zugetan, meine Einsamkeit versüßte. Da hast du, mein Gott, meine Gedanken auf dich hingelenkt, und ohne Zweifel bist du es gewesen, der sie mir eingeflößt. Du hast mir gezeigt, wie mein Herz eine Wohnung für dich werden könnte. Dafür muß ich in Dankbarkeit, wie dieses Wasser mich ermahnt, den Strom der Gedanken auf dich zurückleiten. Ich muß, gleich diesen Bäumen, im Grün der guten Werke blühen, an Kraft zunehmen und in guten Werken mich entfalten. Ich muß, gleich den Tauben im freien Flug, zum Himmlischen mich erschwingen... So wird mein Herz dir eine Stätte geben, die köstlicher ist als alle Lieblichkeit. Den ganzen Tag war mein Geist von diesem Gedanken erfüllt. Am Abend, vor dem Schlafengehen, als ich mich zum Gebet auf die Knie niederließ, dachte ich plötzlich an die Worte des Evangeliums: ‹Wer mich liebt, der wird mein Wort halten, und mein Vater wird ihn lieben, und wir werden zu ihm kommen und Wohnung bei ihm nehmen.› Da fühlte mein Herz, daß du gegenwärtig angekommen warst.»

Christ sein heißt, mit Christus zusammenwachsen, nach dem Ausspruch des Kirchenvaters: «Gott ist Mensch geworden, damit der Mensch Gott werde.» Die Gesinnung der Menschwerdung war «Selbstentäußerung». Jeder Christ wird in seinem Leben an einen Punkt kommen, wo ihn die Forderung der Demut trifft. Dann entscheidet sich sein Dasein. Ein wirklicher Christ ist nur, wer sich ungeschützt dahingeben kann und in dieser Hingabe sich ein Leben lang bewährt.

Wir verwirklichen die Gesinnung Christi, indem wir «von-uns-weg-gehen» in selbstlosem Dienst. Christus schenkt uns den Himmel, weil wir ihm unter der Gestalt des Bruders zu essen gegeben, zu trinken gereicht, ihn beherbergt, bekleidet, am Krankenbett oder im Gefängnis besucht haben. Es ist, als hätte Gott sich selbst vergessen in der Schilderung von Gericht und Himmel. Er erscheint nur im Antlitz des Nächsten. Im Himmel wird jenes zum offenen Zustand, was damals in der Dreifaltigkeit begonnen, in Bethlehem fortgesetzt und in der ganzen Geschichte des christlichen Lebens verwirklicht wurde.

Derart bereitet Christus seine letzte Ankunft in der endgültigen Herrlichkeit vor. Diese letzte «Weihnacht der Welt» bleibt dann in Ewigkeit. Sie heißt Himmel.

MENSCHWERDUNG

«FÜR uns Menschen und um unseres Heiles willen ist er vom Himmel herabgestiegen.» So gibt das Glaubensbekenntnis Antwort auf die alte Frage der Christologie: Warum ist Gott Mensch geworden [Cur Deus homo]? Es wird hier ein zweifacher Grund angegeben. «Für uns Menschen» [propter nos homines]: damit der Mensch «er selbst», das heißt wirklich Mensch sein kann. Und «um unseres Heiles willen» [propter nostram salutem]: damit er uns von der Schuld erlöse. Das sind die *zwei heilsgeschichtlichen Grundfunktionen Christi.* Unter ihnen gibt es eine Rangordnung. Diese wird im Glaubensbekenntnis auch unverkürzt zum Ausdruck gebracht.

Gott ist grundsätzlich deshalb Mensch geworden, damit er unsere menschliche Wirklichkeit zur *Vollendung* bringe. Christus ist der Vollender des menschlichen Wesens. Unabhängig davon, daß die Sünde in die Welt eingetreten ist, hätte er die Tat der Menschwerdung vollzogen. Da nun aber die Menschheit sich mit der Schuld belastet, das heißt, sich einer Gottesferne ausgeliefert hat, «mußte» Christus uns zuerst mit Gott aussöhnen, unser Erlöser werden. Diese zweite [nachträgliche] heilsgeschichtliche Funktion Christi hebt aber seine seit Ewigkeiten vorausgesehene und vorausgeplante Lebenstat nicht auf: Christus bleibt derjenige, der das Menschenwesen zu seiner Entfaltung bringt.

Diese Vollendung des Menschenwesens vollzieht sich jedoch von nun an am Kreuz.

Christus hebt unser menschliches Wesen [und damit auch das Weltall, das sich in uns verdichtet] in den Bereich der Vollendung hinein. Auch in diesem Sinne ist Christus der *«erhebende Gott»* [Deus elevans]. Das Letzte alles Aussagbaren heißt: «Gott ist Mensch geworden.» Dieser Satz stellt für unser menschliches Denken eine absolute Grenze dar. Vor ihm versagt menschliches Sprechen, jegliche Anstrengung und jegliches Gefühl. Versucht man in diese oft gehörte Aussage einzudringen, bemerkt man, wie zerbrechlich das menschliche Denken ist. Man muß deshalb vorsichtig sein, wenn man solche Sätze ausspricht. So vorsichtig, wie Gott selber war, der die Menschwerdung lange vorbereitete, sie gleichsam aus der gesamten Menschheitserfahrung still emporsteigen ließ. Was wäre aus uns geworden, ohne diese große Geduld Gottes, die alles in zurückhaltender Aufmerksamkeit reifen ließ? *Gott übt Schonung* mit unserer gesamten Existenz, also auch mit unserem Denken. Das Ewige hat weder Angst noch Eile. Gott weiß um die Verletzlichkeit des Menschen. Deshalb zwingt er nicht, schreckt nicht, nötigt nicht. Er steht still vor der Tür und klopft leise an.

So wollen auch wir in dieser weihnachtlichen Meditation das Geheimnis der Menschwerdung von einer Seite nachzuvollziehen suchen, die für uns menschlich erlebbar ist, wovon wir sprechen können, die uns nicht erschreckt und unser Denken nicht verwirrt. Als Leitfaden nehmen wir den unaufdringlichen Ausspruch von Paulus: *«Alles gehört euch, ihr gehört Christus, Christus gehört Gott»* [1 Kor 3,23]. In einer aufmerksamen Betrachtung über dieses für uns Nachvollziehbare möchten wir uns an das letzte Geheimnis herantasten: Christus ist der Vollender der Welt.

«Alles gehört euch»

Menschwerdung der Welt

Eine der bemerkenswertesten Tatsachen der neuzeitlichen Denkentwicklung ist, daß der Mensch sich immer mehr seiner *Weltverbundenheit* bewußt wird. Er schaut aber die Weltwirklichkeit nicht mehr als eine statische Größe, gleichsam als einen schon immer vorgegebenen Rahmen an. Er betrachtet sie vielmehr als eine Einheit der Evolution, als eine Kontinuität des Werdens, welches sich als Herausbildung einer in Milchstraßen, Sonnensystemen und Planeten geordneten Welt, als Hervorbringung von immer komplizierteren Formen des Lebens, als Sich-Vorantasten zu einem immer höheren Grade des Bewußtseins bemerkbar macht.

Mit dieser Welt fühlt sich der Mensch verbunden. Er betrachtet sich als *das «Produkt» einer jahrmilliardenlangen Entwicklung*, gleichsam als die Blüte, oder die äußerste Spitze einer universalen Anstrengung der Welt. Das All ist in seinem Wesen beheimatet. Die Stelle der radikalsten Verbundenheit des Menschen mit dem Universum ist der Leib. In ihm und durch ihn geht die Welt ins Geistige über. So ist der Menschenleib der Ort der Umwandlung. In ihm vereint sich die Weltmaterie mit dem Geist. Das Wesen des Geistes besteht aber darin, daß er unendlich offen ist auf das Unendliche hin. Diese radikale Umformung des Materiellen ins Geistige heißt einfach «Mensch», leibgewordener Geist oder geistgewordene Materie. Somit ist der Mensch das Zentrum des Alls. In ihm konzentrieren sich die materiellen Kräfte der Welt und stoßen in den Bereich des Geistes vor. Der Mensch ist die Einheit aller Natur, die höchste Einigung des Werdens der Welt.

Nach der christlichen Philosophie – die einen ihrer denkerischen Höhepunkte bereits bei Thomas von Aquin erreicht hat – ist der Mensch ein einheitliches Wesen. *Materie und Geist sind in ihm wesenhaft geeint.* Der Mensch setzt sich nicht aus zwei «Dingen» zusammen [aus Materie und Geist], sondern ist ein einziges Wesen. Aus den Zweien entsteht ein Drittes, das keines von den beiden ist.

Die menschliche Seele ist die höchste Ausfaltung des Leibes. Erst durch die Lehre eines Thomas von Aquin über die «Leib-Seele-Einheit» vermögen wir den Sinn jener Weltverbundenheit des Menschen anzugehen, von der vorher die Rede war. Durch diese Beziehung des Leibes zur Seele kann das Weltall wirklich hineingehen in die Offenheit des Geistes. Das Produkt der jahrmilliardenlangen Anstrengung der Welt, der menschliche Leib, ist wirklich Geist. Er «beherbergt» nicht nur Geist, sondern ist seinshaft eins mit ihm. Die Entwicklung des Weltalls bekundet eine Vorzugstendenz für das Komplexere und Einheitlichere. Mit der Höherentwicklung des Lebens wird diese Ausrichtung immer deutlicher, bis schließlich im Menschen die Welt zu ihrer Eigentlichkeit durchbricht, zu Geist wird. Entwicklung ist in dieser Perspektive «Menschengeburt». Seit den allerersten Anfängen des kosmischen Werdens geschieht «Menschwerdung der Welt».

Diese «kosmische Menschwerdung» muß überall, in jeder ihrer Phasen [und nicht nur bei der Erschaffung der menschlichen Seele] *als echte Schöpfung* aufgefaßt werden. Dies geht aus dem Begriff der Evolution selber hervor. Evolution bedeutet doch, daß aus einem Weniger ein Mehr wird, daß der Weltbestand sich seinshaft «überbietet». Dies geschieht nicht nur hie und da, sondern in jedem

Augenblick während des ganzen Prozesses der Entwicklung. Es wäre ein denkerisch unhaltbarer Kompromiß, wollte man sich dabei auf ständige «Eingriffe Gottes» in die Schöpfung berufen, als ob die Welt eine Maschine wäre, die Gott im Laufe der Zeit auf immer höhere Touren bringt. Die Welt selber evolviert sich und nicht Gott evolviert die Welt. Gott steht außerhalb der gesamten Ursachenreihe der Welt, ist nicht ein Glied in der Kette der Zweitursachen. Gott schafft die Welt, *indem er ihr die Kräfte verleiht, sich selbst zu schaffen*, ihren Seinsbestand immer höher zu heben, ja sich in den Geist hinein zu entfalten. In dieser Perspektive wäre es völlig berechtigt zu sagen, die Welt selber bringe von sich aus den menschlichen Geist hervor, ohne daß wir dadurch die unmittelbare Sondererschaffung jeder einzelnen Menschenseele durch Gott irgendwie in Zweifel ziehen würden. Wir sind mit Leib und Seele Kinder der Erde, ganz. Und wir sind auch, ja gerade darin, Kinder Gottes, ganz.

Hier wäre noch ein letzter Gedanke zu erwähnen. Indem wir als Kinder der Erde existieren, *tragen wir bereits das Leben Gottes in uns.* Wenn wir gemeinhin sagen, Gott erschaffe uns aus dem Nichts, so ist das nur eine rein negative Bestimmung der Schöpfertätigkeit. Das Eigentliche und Positive der Schöpfung heißt dagegen: Gott erschafft uns aus nichts anderem als aus sich selbst. Nach keinem anderen Gesetz, unter keinem anderen Einfluß. Alles Erschaffene lebt als Gedanke und Bild Gottes. So steht alles Geschaffene in einer geheimnisvollen *Verbindung mit der zweiten göttlichen Person.* Der Logos ist der vollkommene Selbstausdruck des Vaters. Ein Bild, das dem Vater gegenübersteht und doch er selbst ist. In diesem vollkommenen Bild Gottes gründet die Möglichkeit einer Schöpfung überhaupt, das heißt die Möglichkeit eines endlichen Abbildes Gottes. Alles Erschaffene ist, indem und insofern es die Züge der zweiten göttlichen Person trägt.

Verbinden wir diesen Gedanken mit dem vorigen, mit der Idee einer dauernden Schöpfung, die sich uns als Evolution darstellt, so heißt es: Von Augenblick zu Augenblick geht die Welt mit schöpferischer Neuheit aus der zweiten göttlichen Person hervor. Der Logos ist an jedem Punkt der Evolution mit seiner schöpferischen Wirksamkeit gegenwärtig, schafft sich in der Welt sein eigenes Abbild. Genauer: Er verleiht der Welt die Fähigkeit, *sich aus eigenen Kräften immer mehr zu ihm «emporzuarbeiten»*. «Das All ist in ihm, durch ihn und auf ihn hin erschaffen» [Kol 1,16]. Das eigentliche, wenn auch nur vorläufige Ziel dieser kosmischen Bewegung ist der Mensch. Nach sehr langem Suchen und Herumtasten findet die Evolution [die evolutive Schöpfung] immer mehr ihre letzte Form. Langsam verebben die biologischen Kräfte der Verwandlung, da die Welt mit der Hervorbringung des menschlichen Geistes einen endgültigen Riß in die Materie geschlagen hat. Und immer mehr – jährlich, monatlich und stündlich –, immer mehr Geist wird in der Welt erschaffen und somit immer mehr Erkenntnis, Liebesfähigkeit und Freiheit.

Was bedeutet all das für unsere *christliche Frömmigkeit im Alltag?* Es bedeutet zunächst und grundsätzlich:

Daß wir in einer *heiligen Welt* leben, daß wir also in unsere christliche Anbetung die ganze Welt miteinbeziehen müssen. Daß wir innerlich erfahren sollen, wie in jedem Leben und in jeder Wahrheit Christus selbst aufleuchtet. Eine grenzenlose Achtung jeglicher Kreatur, eine Aufmerksamkeit für jegliches Leben, ein absichtsloses Gutmeinen mit der Schöpfung, selbst in ihren unscheinbarsten Vertretern, eine Offenheit für jegliche Wahrheit [woher sie auch kommen mag, von rechts oder von links] wird da von uns, und zwar als christliche Haltung in der Welt, gefordert. Es bedeutet dann aber auch, zweitens:

Daß wir das *Menschsein als heilig zu erfahren* suchen und uns den Menschen gegenüber entsprechend verhalten sollen. Daß wir also zunächst uns selbst annehmen, mit all unsern Grenzen und Verheißungen, mit unserer Müdigkeit, mit den Wünschen, die unsere Grenzen unaufhörlich aufbrechen. Daß wir also zunächst grundsätzlich einverstanden seien, überhaupt zu sein, dann aber auch mit dem, was wir geworden sind. Das Heute, das uns konkret aufgetragene Dasein, ist der Standort, von dem wir zu Gott zu gelangen haben. Dies ist heute durchaus nicht selbstverständlich. Ebenso auch: Daß ich den andern Menschen in heiliger Ehrfurcht begegne, sie in ihrer Eigenart anerkenne, ihre Privatsphäre achte, die Kleinen und Wehrlosen verteidige, vor den Hilflosen innehalte. Ja, daß ich einfach menschlich höflich sei, mit all dem, was dazugehört, mit dem Mitempfinden und Bedenken fremden Lebens, seiner Zustände und Stimmungen, seiner jeweiligen Besonderheit. Schließlich [drittens] bedeutet es:

Daß wir uns *nicht zufrieden geben* mit dem Schon-Verwirklichten, mit unserer erreichten Situation. Daß wir den Drang der Welt, jenen Drang, der das Weltall auf immer höhere Stufen des Seins trieb und der sich schließlich in uns konzentrierte, bewußt sich in uns auswirken lassen. Daß wir also von uns selbst, von unseren Errungenschaften, von unseren Systemen, ja von unserem Begriff «Gott» nicht allzuviel halten. Vor allem, daß wir Gott immer größer denken müssen und ihn nicht einsperren in den Rahmen fester Formulierungen. Daß wir also nicht meinen, ihn «eingefangen» zu haben. Wir sollen das Leben weiterführen. Wir dürfen mit unserem Leben nicht knauserig sein, sondern uns von unserer Liebe hinaustragen lassen über jegliche Verwirklichung.

Diese drei Grundforderungen unseres christlich verstandenen Erschaffenseins eröffnen nun vor uns eine neue Dimension der Menschwerdung. Nachdem die Welt in uns «menschgeworden» ist, uns mit Leib und Seele hervorbrachte, haben wir die Aufgabe, *«menschlicher» zu werden.* Die Menschwerdung ist noch nicht vollendet. Die Weltentwicklung brachte nur jenen Seinsstoff hervor, aus dem wir uns durch eigene Anstrengung zu wirklichen Menschen gestalten sollen. Dies ist nun die zweite Dimension der Menschwerdung.

«Ihr gehört Christus»

Menschwerdung des Menschen

Die menschliche Wirklichkeit kann verschiedenartig und auf verschiedenen Wegen ihre Vollendung erstreben. Nichts liegt uns ferner, als diese Möglichkeiten der Einübung in die menschliche Eigentlichkeit auch nur andeutungsweise zu besprechen. Wichtig ist für uns dabei zunächst nur, daß der Mensch sich in der Welt *nicht fertig vorfindet.* Er ist gleichsam nur ein Vorentwurf seines eigenen Selbst. Im Menschen ist immer eine geheime Spannung vorhanden zwischen dem, was er ist, und dem, was er sein möchte. Zwischen dem, was er schon verwirklicht hat, und dem, was ihm noch zu leisten bleibt. Wer im menschlichen Bereich «sein» will, muß stets neu beginnen. Das Anfangen ist ein immerfort wirksames Element des Menschseins.

Dies bedeutet, daß der Mensch sich unaufhörlich neu entschließen muß, als Mensch zu bestehen. Dies fordert von ihm eine *«Tapferkeit zum Menschsein»:* Gefahren zu sehen und in ihnen standzuhalten; jede Situation, auch die schwierigste, zu benützen, um zu wachsen, um mehr Mensch zu sein. All das – und noch anderes mehr – bedeutet: das Lebendige und das Zukunftsverheißende aus unserem eigenen Wesen hervortreten lassen. Die Alten bezeichneten diese Anstrengung mit einem abgegriffenen Wort, das heute Mißbehagen erweckt: *«Tugend üben».* Wer aber schon erfahren hat, wie bitter es ist, auf das eigene Leben zurückzuschauen und sich dabei sagen zu müssen, daß dieses Leben nicht so geworden ist, wie es hätte werden können, der weiß, wie groß das damit Gemeinte ist.

Ist es aber so, daß der Mensch von sich aus sich

selbst vollenden könnte; daß er aus eigener Bemühung zur Erfüllung der in ihm angelegten Möglichkeiten heranzureifen vermag? Dies ist leider [oder glücklicherweise] nicht der Fall. Damit kommen wir zum eigentlichen Kern unserer Betrachtung: Das eigentliche Wesen des Menschen ist menschlich unerreichbar; der Mensch kann sich selbst nicht verwirklichen; *das Menschsein übersteigt sich selbst unendlich.*

Dies möchte ich in einer kurzen Analyse der drei Grundfunktionen unserer menschlichen Wirklichkeit entfalten:

Die menschliche Erkenntnis. Erkennen bedeutet immer, daß der Geist eine konkrete Wirklichkeit zu seiner eigenen Innerlichkeit macht, ohne aber dadurch den Eigenbestand des Erkannten anzutasten. Durch die Erkenntnis verschiedener Einzelgegenstände beginnt der Mensch, sich in der Welt auszukennen. Er versteht langsam, wie Dinge, Lebewesen und Menschen sich verhalten und wie man sie, wenn man Erfolg haben will, «behandeln» soll. Er entdeckt Gesetze der Natur, Gesetze der sozialen Wirklichkeit und jene sehr komplizierten Eigenschaften des personalen Lebens, durch die das menschliche Zusammensein beherrscht wird. All das ist konkretes, *vereinzeltes Wissen.* Der Mensch versucht immer wieder, diese Erkenntnisbrocken in ein logisch durchgearbeitetes System zu bringen und scheitert dabei weitgehend. Dabei erfährt er aber gerade, daß er *eine Ahnung von etwas Umfassenderem hat,* das keineswegs aus seinen Einzelerkenntnissen zusammensetzbar ist. Zuweilen ereignet sich vor seinen Augen eine wundersame Umwandlung der Welt. In einem Augenblick erlebt er, daß all seine bisherigen Erfahrungen das Eigentliche nicht erfaßt haben, den Grund der Gründe, das Sein der Seienden. Von dorther wird er sich dessen bewußt, daß sein Wissensdrang unendlich mehr war als Neugier. Sein Geist wurde immer schon von einem Absoluten angezogen, von der Fülle des Seins. Indem er diesem Absoluten «nachging», entdeckte er die Dinge des konkreten Lebens, die aber seine Sehnsucht nicht zu befriedigen vermochten. In jedem konkreten Erkenntnisakt wird das Ganz-Andere mitgewußt und mitverlangt. Somit ist der Mensch in seiner Erkenntnis immer schon [implizit] ein Gottsucher. Das Absolute tritt ihm in jedem Begrenzten nahe.

Vollenden würde sich die menschliche Erkenntnis erst dann, wenn das Absolute für sie zu einer konkret faßbaren Wirklichkeit würde, wenn das unbegrenzte Sein sich restlos hineinverbergen würde in ein begrenztes Seiendes. In jedem Erkenntnisakt verlangt demnach der Mensch nach der Menschwerdung Gottes.

Die menschliche Sehnsucht. Auch die menschliche Sehnsucht ist *aufgespalten zwischen der Maßlosigkeit des Anspruchs und der Begrenztheit der Verwirklichung.* Der Mensch ist wesenhaft unzufrieden mit jeglichem Erfolg in der Welt. Etwas Geheimnishaftes lebt in ihm, das seine Taten immer weiter vorantreibt zu neuen Zielen, zu neuen Verheißungen. Mit unerbittlicher Notwendigkeit verlangt der Mensch nach einem «Mehr». Jeglicher Versuch, die Fülle der Sehnsucht zu verwirklichen, ist aber zum Scheitern verurteilt.

Deshalb versucht der Mensch nur zu oft, unterwegs innezuhalten, das Vorläufige als endgültig zu nehmen. Er bleibt aber dabei – vielleicht uneingestanden – unglücklich und unerfüllt. *Deshalb denkt der ehrliche Mensch gar nicht daran, wunschlos zu sein.* Selbst in seinen alltäglichsten Erfahrungen lebt er stets ins Uferlose hinein. Sein Wesen «dämmert nach vorwärts». Das Unbekannte als das Schönere und Eroberungswürdige lockte stets die Menschen. Und es lockt uns heute noch. Unser Wesen liegt noch an der Front. Unsere eigentliche «Genesis» ist immer noch im Gange. Jede Erfüllung ist für den Menschen nur ein Beginn eines weiteren Suchens. Der «Geschmack am Glück», die «Hoffnung auf eine noch größere Erfüllung» gehören zu seinem Lebenselement. Der Mensch ist von seinem Wesen her aufgefordert, «in der Neuheit des Lebens zu wandeln» [Röm 6,4]. Der Apostel Paulus weist aber auch darauf hin, wie belastend ein solches Leben ist: «Darum verzagen wir nicht: denn mag auch unser äußerer Mensch sich aufreiben, unser innerer Mensch wird von Tag zu Tag neu» [2 Kor 4,16].

Dies bedeutet, daß der Mensch eine Dynamik auf das Menschlich-Unerreichbare in sich trägt. Das Gnadenhaft-Geschenkte ist immer zugleich das Notwendig-Gewollte. Die menschliche Sehnsucht könnte sich erst erfüllen, wenn sie mit ihrem eigentlichen «Gegenstand» konfrontiert würde, wenn das Absolute sich hineinbergen würde in das Faßbare und Erreichbare; wenn Gott zum Menschen würde. Im Sinnmittelpunkt aller Sehnsüchte des Menschen steht der menschgewordene Gott.

Die menschliche Liebe. Die Liebe besteht in dem, daß zwei Personen eine Seinseinheit eingehen; daß sie seinshaft aussprechen: «Wir». Liebe ist ein Vorgang, in dem zwei Menschen ganzheitlich voneinander her leben. Damit haben wir bereits ein Letztes der menschlichen Liebe ausgedrückt. Was in der Liebe «gemeint» ist, übersteigt jegliche Verwirklichung. In der Liebe geschieht ein Vorgriff auf die letzte Vollendung. Das letzte Ziel der Liebe ist wesenhaft mehr als alles, was von dieser Liebe «jetzt» verwirklicht werden kann. In seiner Liebe sucht der Mensch *ein Unbedingtes jenseits alles*

Bedingten. Eine «begrenzte Liebe» ist ein Ding der Unmöglichkeit. Ein Geschöpf in seiner Zerbrechlichkeit wird demnach in der Liebe zum «Gegenstand» unseres Strebens ins Unendliche. Eine Forderung, die kein Mensch erfüllen kann. Kein Geliebter ist der ihm zuströmenden Liebe gewachsen.

Die Liebe besteht demnach in einem täglich neuen Ringen gegen die Macht der unmittelbaren Evidenz [«du bist begrenzt»] und in dem verzweifelten Versuch, diesem Begrenzten eine Unbegrenztheit zuzuschreiben. Wer die Liebe je erfahren hat, der weiß, daß dies die eigentliche *Versuchung menschlicher Liebe* ist. Hier erahnen wir den tiefen Sinn des berühmten Liedes von Louis Aragon: «Il n'y a pas d'amour heureux» [Es gibt keine glückliche Liebe]. Menschliche Liebe ist unvollendbar. Es sei denn, daß das Absolute sich in einem endlichen Menschen restlos darstellen würde. Der menschgewordene Gott ist demnach der eigentliche «Gegenstand» jeder menschlichen Liebe. Er ist innerlich «mitgemeint», «mitangestrebt» überall, wo ernst und ehrlich geliebt wird.

Versuchen wir nun, die zwei ersten Punkte unserer Betrachtung zusammenzufassen. Der Drang der Weltentwicklung formt sich im Menschen um. Er lebt in uns als Träumen, Hoffen, Begehren und Unruhe, als eine Ausrichtung des Endlichen auf das Unendliche. Diese Verengung der Gesamtevolution in der menschlichen Wirklichkeit erzeugt in uns einen gewaltigen Druck von Ideen und Wünschen. Deshalb gärt und brodelt es ständig in unserem Innern. Das Universum will sich in uns zum Absoluten «emporringen». Es ist nun ganz deutlich geworden: «Auf ihn hin wurde alles erschaffen.» *Christus ist jener Pol, auf den alle Energien zusammenstreben.* Die Geburt des Sohnes Gottes ist somit nicht ein vom kosmischen Geschehen isoliertes Ereignis. Die Menschwerdung Gottes ist die Vollendung des Universums und des Menschen. Gott «mußte» in die Geschichte eintauchen, weil er die Welt «auf sich selbst hin» entworfen hat. «Alles gehört euch, ihr gehört Christus» – nun wollen wir auch das letzte Glied dieser dichten Aussage betrachten:

«Christus gehört Gott»
Menschwerdung Gottes

Nachdem wir das unfaßbare Ereignis des Seins, die Menschwerdung, für unser Erlebnis vorbereitet haben, dürfen wir den Satz aller Sätze, das Geheimnis aller Geheimnisse aussprechen: Gott ist Mensch geworden. Wir haben gesehen: Es ist nichts «vernünftiger» als diese Aussage. Die ganze Welt und die Wirklichkeit des Menschen wären ohne sie nicht denkbar. Jetzt müssen wir uns aber anstrengen zu begreifen, wie ungeheuerlich all das ist, wovon wir bis jetzt gesprochen haben. Dies wollen wir tun, indem wir die drei Elemente dieser Aussage kurz darstellen: *«Gott» – «Gott wird» – «Gott wird Mensch»*.

«Gott». Der Name steht für das Unfaßbare und «Schlechthin-darüber-hinaus-Liegende». Wenn der Mensch über Gott nachdenkt, kommt er unweigerlich in Versuchung. Er möchte alle Schönheiten der Welt, alle Sehnsüchte seines Herzens und überhaupt jegliche Erfüllung seiner Ahnungen zusammentragen. Dieses Hohe, Schöne und Erfüllende, das heißt, das Beste seines eigenen Wesens möchte er für «Gott» halten, also irgendwie sich selbst anbeten. Damit würde er aber alles zugrunde richten. Denn *die Erfüllung liegt für den Menschen immer im Unerreichbaren.* Gott ist gerade das, was nicht aus dem Seinsstoff der Welt sich zusammensetzen läßt. Nur das «Absolut-Andere» kann das menschliche Wesen restlos erfüllen. Über das Erfüllende kann aber nur gesprochen werden, indem man das einmal Ausgesagte «im gleichen Atemzug» auch verneint. Vielleicht ist es eine besondere Gnade unserer Zeit, daß wir die Andersheit Gottes mit allen Fasern unserer Existenz erleben dürfen. Vielleicht geht es gar

nicht anders: Die Menschheit muß diese schrecklichste aller Erfahrungen, die «Ferne Gottes» durchleiden, damit sie wieder ein Gefühl dafür bekommt, wie radikal «anders» Gott eigentlich ist. *«Gott wird».* Wenn wir es dennoch wagen, über Gott das Höchste und Reinste alles Denkbaren auszusprechen, dann müssen wir unbedingt eines sagen: Gott kann nicht werden. Gott ist derjenige, der über jegliche Wandlung und jegliches Vergehen unendlich erhaben ist. Er ist der «unbewegte Beweger», sich selbst genug, auf niemand angewiesen. Dieser Begriff von Gott ist erhaben und schön. *Zugleich aber grundsätzlich falsch.* Wir können zwar Gott nicht anders denken; aber Gott ist dennoch anders. Im Lichte der weihnachtlichen Selbstoffenbarung Gottes wird uns bewußt, daß der Mensch, nachdem er sich mühsam daran gewöhnt hat, Gott als den Ganz-Anderen und Fernen zu denken, in ihm nun zugleich den «Uns-allen-Gleichen» und Nahen erfahren muß. Gott ist so, wie er in Christus erschienen ist: «Philippus, wer mich sieht, der sieht zugleich auch den Vater» [Jo 14,9]. Der Gott der Offenbarung kommt und geht. Er bereitet mühsam seine eigene Ankunft vor. Nachdem er zu uns gekommen ist, geht er von uns weg, reißt sich gleichsam von uns los. Er wird zu einem kleinen Kind, lebt eine unscheinbare Existenz unter uns, erlernt den Beruf eines

Zimmermanns, unternimmt Wanderungen und Ausflüge, wird müde und abgespannt, vollendet sein Werk im Blutschweiß der Angst und im Schrei der Gottverlassenheit. Wenn schon das menschliche Denken an «Gott» zerbricht, so bleibt der Mensch vor einem «werdenden Gott» fassungslos. Diese Fassungslosigkeit steigert sich noch mehr, wenn er das dritte Element der Aussage bedenkt:

«Gott wird Mensch». Es ist seltsam: Der Mensch verlangt mit seinem ganzen Wesen nach Gottes Anwesenheit. Wenn sich aber diese einstellt, vermag er sie nicht zu ertragen. In der Heiligen Schrift finden wir überall die folgende Struktur der «Epiphanie», der Selbstoffenbarung Gottes: Die Begegnung mit Gott ist leidvoll und bedeutet einen *Umsturz der gesamten Existenz.* Wenn Gott erscheint, muß der Mensch sein Antlitz verhüllen, fällt wie tot hin. Der Mensch versteckt sich vor Gott [wie unsere Ureltern es – in einer tief symbolischen Gebärde – taten]. Wohin soll aber der Mensch vor Gott flüchten: «Selbst in der Unterwelt bist du noch da!» Ein Fremder schaut uns unentwegt an: «Wie lange schaust du von mir nicht mehr weg, gönnst mir nicht Ruh', um den Speichel zu schlucken?» – so klagte schon Job. Das verwirrte Volk sprach am Sinai zu Moses: «Sprich du mit uns, sonst sind wir des Todes.»

Doch in der Menschwerdung zerbricht Gott diese Erfahrung. *Gott erscheint in einem Kind, das gar nicht bedrohlich ist,* sondern hilflos in der Krippe liegt, um die Pflege und Liebe der Menschen – seiner Geschöpfe – bettelt. Der Täufer sprach noch, unmittelbar vor dem Auftreten Christi, in drohenden Worten über das, was der Erwartete tun wird. Dann ist Christus erschienen, ein Mensch voll Verständnis und Güte. Einer, der die Sünder und die Schwachen in Schutz nimmt [nicht nur vor den anderen Menschen, sondern sogar vor seinem Vater]. *Christus stand unbedingt zu uns Menschen.* So sehr, daß Paulus – zutiefst erschüttert – von ihm sagen kann: «Selbst wenn wir untreu sind, er bleibt treu, denn er kann sich nicht verleugnen.» Von nun an können wir nichts Menschliches ausdenken, das nicht auf Gott selbst anwendbar wäre, außer der Sünde. In Christus milderte sich Gottes Macht zur Anmut und zur Güte.

So ist also der Gott der Menschwerdung: unendlich fern und unendlich nah, unfaßbar anders und uns allen ähnlich. Er vereinigt in sich alle Schönheiten der Erde und führt all das hinaus über jegliche irdische Vollendbarkeit, hinein in das Leben Gottes. Von nun an ereignet sich in der Welt geheimnishaft nur eines: Christusgeburt. Das ist für uns heute der eigentliche Sinn der Weihnacht. Denn: Die Hirten stehen nicht mehr lauschend auf dem Feld, das Kind Jesus liegt nie mehr in der Krippe. Das ist ein für allemal vorbei. Aber eines bleibt: Die Geburt Christi in der Menschheit, die Geburt des «kosmischen Christus».

Eine der tiefsten Einsichten der paulinischen Theologie ist, daß Christus zwar gekommen ist, *bis zum Ende der Welt aber stets im Kommen bleibt.* Durch die ganze Geschichte hindurch vollzieht sich Christusgeburt. Am Ende der Zeit steht das «Pleroma Christi», der «Volle Christus». Die Christen bauen seinen Leib auf. Dies ist die Weihnacht der Welt. Und dies ist auch der Sinn der Sakramente und des ganzen christlichen Lebens. Die Christen [die soziologisch sichtbaren und die anonymen] versetzen sich durch ihr Leben in Christus hinein, bauen Christus selbst auf. Wenn dann das Maß Christi voll ist, wenn alle, die Christi Seinsfülle ausmachen sollen, in Christus «aufgegangen» sind, *dann ist der «kosmische Christus» geboren,* dann ist der Himmel da, dann hat sich die erste Schöpfung vollendet. Dann erst beginnt das eigentliche Leben. Das außerordentliche Abenteuer der Welt wird beendet sein.

Was besagt dies alles für uns existenziell? Es bedeutet: *daß der Mensch über seine Schranken hinaus ins Unbegreifliche hinein leben soll;* daß er eine von Gott gewollte Unzufriedenheit in sich trägt; daß er die Kleinheit seines eigenen Daseins immer neu überwinden muß. Gott hat ihn so erschaffen, daß er unruhig sein soll und darf, solange er das Unendliche nicht gefunden hat.

Für den Menschen, dieses gebrechliche Wesen, ist nichts groß genug. Mensch zu sein, ist etwas Atemraubendes. Gott lockt uns voran, aus unserem Kleinsein und unserer Gewöhnung heraus. Wenn wir uns zufrieden geben mit dem bereits Erreichten, sind wir nicht wie Gott uns gedacht hat. Und dieses sein Aufgebrochensein auf das Absolute hin, muß der Mensch *in einfacher Brüderlichkeit* leben, im schlichten Dienst am Nächsten im Alltag. «Was ihr einem von meinen geringsten Brüdern getan habt, habt ihr mir getan» [Mt 25,40]. Dies ist die Tiefe des Geheimnisses der Weihnacht.

DER UNBERECHENBARE GOTT

WEIHNACHT ist das Fest, das uns wieder zum Bewußtsein bringt: Gott ist anders; er kennt keine Gewöhnung; seine Wege sind immer neu; er ist jung; er kommt zu uns, wie er will. Somit feiern wir an Weihnachten auch das Fest der Unberechenbarkeit Gottes. Nicht nur in der Weihnachtsnacht, auch später, nach seiner Auferstehung, ist der Herr stets so erschienen, daß wir ihn mit einem andern verwechseln konnten: als Gärtner, als Wanderer, als Hungriger, als Mann am Ufer. Daß Gott anders zu uns kommt, als wir ihn erwarten, daß seine Wege sich nicht vorausberechnen lassen, kann eine Bedrohung sein für den gottsuchenden Menschen. Wie kühn und selbstüberwindend mußte der Glaube jener gewesen sein, die zum ersten Mal vor einem Kind im Stroh niederknieten und in ihm Gott anbeteten! In diesem Zusammenhang wollen wir über ein Thema nachdenken, das in den Weihnachtsbetrachtungen fast nie vorkommt oder nur am Rande erwähnt wird: über die Versuchungen der Weihnacht.

Die erste Versuchung der Weihnacht heißt: Gott läßt sich nicht festlegen. Die Unberechenbarkeit Gottes macht, daß der Mensch ihn nie in seine Gewalt bringen, ihn nie so festhalten kann, wie er ihn haben möchte. Gott entzieht sich immerfort unserem Zugriff. Er läßt sich nicht einfangen in Regeln, Systeme und Methoden. Selbst die Heiligen sind nur zu oft dieser Versuchung erlegen: Sie wollten immer wieder Gott zwingen durch die Anhäufung ihrer Vorkehrungen, durch die große Summe ihrer Gebetsworte, durch die langen Zeiten, die sie mit ihrem Grübeln erfüllten. Sie verlangten oft danach, Gottes Nähe, sein Wort, seine Offenbarung allzeit zur Verfügung zu haben, seine Tröstungen, sein Licht, seine spürbare Gnade dauernd zu fühlen. Gott hat sie eines Besseren belehrt. Zwar soll der Mensch durch Gebet, Selbstüberwindung und vor allem durch schlichte Güte im Alltag die Wege Gottes bereiten. Er soll Hügel einebnen und Täler ausfüllen. Aber: Ob Gott dann diese ihm vorbereiteten Wege betritt, ob er die festlich geschmückte Tür oder eine andere wählt, das liegt allein bei ihm. Deshalb ist das eigentliche Tun, die letzte Haltung der Heiligkeit: ein Bereitsein, ein Ausharren, ein Auftun der Seele, ein Ausbreiten der Arme. Gott gibt seine Gegenwart, wo und wann und wie er will. Der Römerbrief drückt diese Dimension menschlicher Gottbeziehung unmißverständlich aus: «Ich werde mich dessen erbarmen, dessen ich mich erbarme, und mit dem Mitleid haben, mit dem ich Mitleid habe. Also nicht auf das Wollen noch auf das Laufen kommt es an, sondern auf den sich erbarmenden Gott.» Die gleiche Haltung fand im Psalm 127 [126] ihren überwältigenden Ausdruck: «Wenn Jahwe nicht das

Haus baut, mühen sich umsonst, die daran bauen. Wenn Jahwe nicht die Stadt behütet, späht umsonst der Wächter aus. Umsonst ist es auch, daß ihr früh euch erhebt und spät euch niedersetzt, und esset der harten Mühsal Brot: Er gibt es seinem Freund im Schlaf.» Noch am ehesten läßt sich die unberechenbare, nicht festlegbare Ankunft Gottes durch das wesenhafte Schweigen, durch die Stille vorbereiten. Deshalb heißt es auch in der Weihnachtsmesse: «Tiefes Schweigen hielt alles umfangen, die Nacht hatte in ihrem Lauf die Mitte ihres Weges erreicht, da kam, Herr, aus dem Himmel, vom Königsthron herab dein allmächtiges Wort.» Der Apostolische Vater Ignatius, zweiter Nachfolger Petri auf dem antiochenischen Bischofsstuhl, nannte in seinem Brief an die Magnesier Christus «das aus dem Schweigen hervorgegangene Wort». Schon die Heiden erahnten diese Zusammenhänge: Die urechte Haltung des Geistes ist – so sagte Heraklit – ein «Hinhorchen auf die Wahrheit der Dinge», ein Stillwerden vor dem Geheimnis. In der Stille erfahren wir die immerwährende Neuheit Gottes. In ihr machen wir uns auf seine Unberechenbarkeit gefaßt.

Die zweite Versuchung der Weihnacht ist: Gott ist oft enttäuschend. Wie soll dieses kleine Kind die Welt mit fester Hand zügeln? Aber nicht nur in der Nacht seiner ersten Ankunft, sondern auch in seiner ganzen Weltregierung zeigt sich Gott scheinbar armselig und hilflos. Unser Gott ist nicht genügend leuchtend. Wir möchten ihn schöner, wunderbarer, mächtiger haben. Warum zeigt er seine Macht nicht deutlicher? Warum schont er die Schurken und läßt die Menschen guten Willens Attentaten zum Opfer fallen? Warum vergeudet er so viel kostbare Bemühung? Warum läßt er halbvollendete Werke in Trümmer fallen und fängt alles von vorne an? Gott ist offensichtlich der Welt nicht gewachsen. Merke aber: Der Mensch ist immer geneigt, enttäuscht zu sein durch das, was ihm das Teuerste ist, was er für immer liebgewonnen hat. Das Eigentliche hat nicht die Evidenz, die gleichsam dichte «Vorhandenheit» des Vordergründigen. Wir können nicht erwarten, daß das, was für uns leuchtend ist, für alle Menschen leuchtend werde, wie durch ein Wunder. Es ist dennoch schwer zu ertragen, daß das für uns Schöne nicht für alle Menschen schön ist. So wird der Mensch, selbst der heiligste, oft an dem irre, was ihm das Liebste ist: An seiner Mutter, an seiner Frau, an seinem Freund, an seinem Gott. Bemüht er sich aber, diese Versuchung zu überwinden – und das ist der wesenhafte Auftrag des Weihnachtsfestes an unser Christsein –, so bemerkt er, daß das Eigentliche nicht vorweisbar ist, daß es in dem Maße wächst, als unsere Hingabe reiner geworden ist.

Vom Liebsten darf man nicht erwarten, daß es für alle lieb, vom Herrlichsten, daß es für alle Menschen herrlich sei. Es gibt eine letzte Tiefe menschlicher Existenz, wo das Geschenk ganz individuell wird, einmalig, nur für diesen einzigen Menschen gültig. Durch die überwundene Versuchung der «Enttäuschung durch Gott» vertieft sich die Welt geistig um uns herum, erschließt uns ihre wesenhaften Bezüge hinter der von allen erfaßbaren Oberfläche. Jeder Vorstoß ins Eigentliche muß durch diese Versuchung der Enttäuschung hindurch.

Die dritte Versuchung der Weihnacht besteht darin, daß Gott uns in den Alltag zurückweist. Das hat er getan, indem er ein Kind wurde und einfachen Menschen untertan war. Religiöse Eigentlichkeit und Hochmut können im menschlichen Wesen dicht nebeneinander existieren. In den echt religiösen Erfahrungen wird der Geist fühliger, heller und weiter. Die Grenzen des eigenen Seins dehnen sich aus. Eine Höhe des Daseins wird erreicht, die zugleich die Höhe der Welt ist. Das Gemüt schwebt über einem leuchtenden Abgrund. Die ganze Welt erscheint in solchen Momenten als klein und kümmerlich. Der Geist ragt ins Andere, ins Unbekannte hinein, über alles Weltliche hinaus. Ein mächtiges Kraftgefühl und eine Herrschergrösse erwachen in ihm. Von diesen Höhen der

Welt muß der christlich religiöse Mensch zurückkehren in die Kümmerlichkeit der kleinen Leute, in die Frömmigkeit des Alltags, wohin sein menschgewordener, kindgewordener Gott ihn ruft. Damit hat die Weihnacht die ganze menschliche Religiosität umgeworfen. Von nun an vollzieht sich Größe immer in einem Vergessen und Nichtbeachten der eigenen Größe, in der Überwindung des Hochmuts. Die Größe sucht sich von nun an nur in jenen Menschen Wohnung, die wissen, daß sie nichts sind, die eines Tages ihrer selbst, ihrer eigenen Herrlichkeit überdrüssig werden. Es besteht von nun an eine enge, unauflösliche Verbindung zwischen Verzicht auf Größe und echter menschlicher Größe, oder, mit anderen Worten ausgedrückt, zwischen Opfer und Freude. Das erscheint widerspruchsvoll, wie das, was im Augenblick geschieht, in dem eine Mutter ihrem Kind das Leben schenkt. Daß Opfer und Freude eine Einheit bilden, daß man sich nur durch das Geben bereichert, daß man verzichten muß, um wirklich groß zu werden, das ist eine Wahrheit, die man zwar erfährt, aber nicht beweisen kann. Diese Unbeweisbarkeit der letzten Grundlagen menschlicher Wesentlichkeit bildet die mächtigste Versuchung unseres Christseins. Nur eine bis ans Ende des Lebens bestandene Versuchung kann die Einsicht bringen: Wer sich groß macht, wird erniedrigt, und wer sich erniedrigt, wird erhoben. Es ist fast unmöglich, diese feinsten Bezüge der Welt des Herzens mit treffenden Worten auszudrücken. Das Lied Mariens – unser eigentlichstes Weihnachtslied – verstand es: «Macht hat er geübt mit seinem Arm und zerstreut, die stolzen Herzens sind. Herrscher hat er vom Thron gestürzt, Niedrige aber erhoben. Hungernde hat er mit Gütern erfüllt, Reiche gehen lassen mit leeren Händen.» Wer nicht wüßte, woher dieses Lied stammt, könnte meinen, es sei das Lied einer Revolution. Und es ist wirklich ein Lied der Revolution, der Revolution der Weihnacht.

Der Geist der Menschwerdung, der Geist der Weihnacht heißt also schlicht und dicht: «Er war in göttlicher Gestalt und wollte doch nicht gewaltsam an seiner Gottheit festhalten. Er gab sich vielmehr hin, nahm Knechtsgestalt an und war den Menschen gleich. In seiner ganzen Erscheinung als Mensch erfunden, entäußerte er sich selbst und war gehorsam bis zum Tod, ja bis zum Tod am Kreuze.» Hier wurde unserem Christsein ein Weg gewiesen: Selbstlosigkeit, Selbstentäußerung ist die Vorbedingung christlicher Selbstwerdung. Der Mensch findet sein eigentlichstes Wesen, indem er sich dahingibt. Darin bewahrt er sich selbst und erlangt Vollendung. Der Mensch kann sich nur «halten», indem er den Griff seiner Selbstsucht lockert. Das menschliche Sein ist wesenhaft auf eine Ekstase hin gebaut: Es findet sich nur dadurch, daß es sich «aussetzt». Je mehr sich der Mensch an sich selbst klammert, desto weniger ist er «er selbst», desto weniger ist er ein Mensch. Der Geist der Menschwerdung Christi ist also auch der Geist der Menschwerdung des Menschen. Sperrt sich der Mensch in seinem eigenen Ich ein, so findet er sich selbst leer und ohne Verheißung. Somit schließt die Selbstwerdung des Menschen [und die Menschwerdung Gottes] in letzter Analyse den Tod ein. Erst im Tode wird der Mensch nämlich dermaßen «von sich genommen», daß er fähig ist – wenn er dieses Vonsichgenommensein frei bejaht –, vollendet demütig zu sein, das heißt, das vollendete Sein zu erreichen, indem er sich vollends verschenkt. Deshalb faßt Paulus die Menschwerdung Christi als einen «Gehorsam bis zum Tod» auf. Wer aber – in unserer Heilsordnung – Tod sagt, meint zugleich Auferstehung. So ist der Weg dieses kindgewordenen Gottes von der «Gesinnung der Menschwerdung» her bereits vorgezeichnet. Er wird der gestorbene und der auferstandene Gott sein. Wir erahnen nun, welch eine unsagbare Belastung und zugleich welch eine Verheißung die Weihnacht für uns ist.

Zusammenfassend können und müssen wir sagen: In der Tat der Menschwerdung hat Gott eine neue Ordnung erschaffen. Eine Ordnung, in der das bewußt bejahte Kleinsein zur Vollendung führt. Gott hat uns in eine Bewegung der Selbstloslösung hineingerissen, in eine Selbstloslösung, aus der – durch die Hinnahme des Todes – die Auferstehung hervorgehen wird. Dabei mußte Gott alle unsere Systeme und Ahnungen umwerfen. Er mußte uns der Gefahr der Unberechenbarkeit, der Enttäuschung und der Alltäglichkeit aussetzen. Erst darin wird das in sich einrollende menschliche Ich aufgebrochen auf eine ewige Erfüllung hin.

Eine letzte Andeutung noch: Selbst wenn wir diese letzten Zusammenhänge begriffen haben – und wenn es uns gelang, so war es die Gnade der Weihnacht –, dürfen wir nicht meinen, das Letzte erfaßt zu haben, vom Letzten erfaßt zu sein. Es war nur eine Etappe auf dem endlosen Weg, auf dem Weg unseres grenzenlosen Hineinschreitens ins Geheimnis. Das Begreifen ist immer nur der Anfang eines noch größeren Begreifens. Gott werden wir immer nur nachstürmen. Ihn, seine Gedanken holen wir nie ein. Mag das jetzt auf der Ebene unserer irdischen Existenz als Not erscheinen, es ist in Wirklichkeit die Voraussetzung grenzenlosen Glücks. Wir bleiben ewige Gottsucher.
Darin ist der Gang der morgenländischen Weisen ein Symbol sowohl unserer irdischen Existenz als auch unserer himmlischen Erfüllung. Wir suchen

Gott, um ihn zu finden, während unseres irdischen Lebens. Wir suchen Gott, nachdem wir ihn fanden, in der ewigen Seligkeit. Damit man ihn suche, um ihn zu finden, ist er unermeßlich. Das ist die Struktur des geschöpflichen Werdens zu Gott, eines Werdens, das seinem Wesen nach nie ein Ende hat. In diesem Geist knien wir vor unserem kleingewordenen Gott nieder, verstummend vor seinem Geheimnis. Vielleicht erhalten wir von ihm, wie die Weisen aus dem Morgenland, die Weisung, «auf einem anderen Weg» in unser Land, in die Welt der Alltäglichkeit zurückzukehren. Denn: Wer einmal von diesem Gott ergriffen wurde, wer in ihm sein Heil erschaut hat, für den hat ein neues Leben mit gänzlich neuen Wegen begonnen.

NACHWEISE

Seite 9–28
Und er hat unter uns gewohnt
Eine Weihnachtsbetrachtung, Walter-Verlag, Olten, 1969.

Seite 29–42
Fest der Stille
«Orientierung», 32. Jg., Nr. 23/24, Zürich,
15. Dezember 1968., S. 253–255.

Seite 43–70
Über die Liebe
«Orientierung», 29. Jg., Nr. 23/24, Zürich,
15. Dezember 1965., S. 261–265.

Seite 71–88
Verheißung
«Orientierung», 34. Jg., Nr. 23/24, Zürich,
15./31. Dezember 1970., S. 245–248.

Seite 89–95
Gottesgeburt in uns
«Orientierung», 35. Jg., Nr. 23/24, Zürich,
15./31. Dezember 1971., S. 253–254.

Seite 123–134
Der unberechenbare Gott
«Orientierung», 27. Jg., Nr. 23/24, Zürich,
15. Dezember 1963., S. 257–259.